Blue Book of Compliance of Chinese Pharmaceutical
Enterprises and Medical Institutions（2019—2020）

中国医药企业与
医疗机构合规蓝皮书

（2019—2020）

主 编：王岳 万欣 辛红

发布方：法治日报社中国公司法务研究院

北京大学医学人文学院

北京天霜律师事务所

爱恩希（上海）医院管理有限公司

人民日报出版社

北京

图书在版编目（CIP）数据

中国医药企业与医疗机构合规蓝皮书. 2019—2020 /
王岳，万欣，辛红主编. —北京：人民日报出版社，
2021.3
ISBN 978-7-5115-6947-9

Ⅰ.①中… Ⅱ.①王… ②万… ③辛… Ⅲ.①制药工
业－工业企业－企业法－研究报告－中国－2019-2020②
医药卫生组织机构－法规－研究报告－中国－2019-2020
Ⅳ.①D922.291.914②D922.164

中国版本图书馆CIP数据核字（2021）第041968号

书　　名：中国医药企业与医疗机构合规蓝皮书. 2019—2020
作　　者：王岳　万欣　辛红　主编

出 版 人：刘华新
责任编辑：刘　悦
封面设计：中尚图

出版发行　人民日报出版社
社　　址：北京金台西路2号
邮政编码：100733
发行热线：（010）65369527　65369512　65369509　65369510
邮购热线：（010）65369530
编辑热线：（010）65363105
网　　址：www.peopledailypress.com
经　　销：新华书店
印　　刷：天津中印联印务有限公司

开　　本：710mm×1000mm　1/16
字　　数：205千字
印　　张：15
版次印次：2021年3月第1版　2021年3月第1次印刷

书　　号：ISBN 978-7-5115-6947-9

定　　价：69.00元

编委会

北京大学医学人文学院课题团队

王 岳　北京大学医学人文学院

徐 敢　北京中医药大学管理学院

李若男　北京大学第三医院

霍 婷　北京大学第六医院

闫 云　正大天晴药业集团股份有限公司

北京天霜律师事务所合规团队

万 欣　北京天霜律师事务所

芦 云　北京天霜律师事务所

朱 岩　北京天霜律师事务所

马 潇　北京天霜律师事务所

孙天琪　北京天霜律师事务所

艾 清　北京天霜律师事务所

边 睿　北京天霜律师事务所

闫 瑾　北京天霜律师事务所

周 琴　北京天霜律师事务所

杨季宇　北京天霜律师事务所

中国公司法务研究院合作团队

辛 红　中国公司法务研究院

乔 楠　中国公司法务研究院

吕 斌　中国公司法务研究院

陈洪健　中国公司法务研究院

爱恩希（上海）医院管理有限公司合作团队

丁洁菁　爱恩希（上海）医院管理有限公司

阿曼姑丽·苏力坦　爱恩希（上海）医院管理有限公司

前　言

　　随着互联网+、医药分家、药品零加成、处方外流、医保控费、"4+7"带量采购、"两票制"推行等因素的深入影响，加之近年以来的政策护航，作为强监管领域的中国医药电商市场持续保持高速增长的态势。

　　米内网数据显示：2015—2019年中国网上药店销售规模持续上涨，2019年达到1251亿元，超千亿大关，同比增长38.2%，增速虽然有所下滑，但前景依然较为乐观。①

　　同时，非公医疗以市场化的运作方式为居民提供差异化的医疗服务。新医改以来，鼓励社会办医政策不断出台：医师被允许多点执业；个体诊所不受规划布局限制；非公医疗机构提供的医疗服务实行市场调节价；鼓励建设各类合规的专科医院；社会办医疗机构可以自主确定医疗机构经营性质等。受惠于以上政策，民营医疗机构在过去几年中逐渐成为整个医疗服务体系中的重要组成部分。国家卫健委统计信息中心发布的数据显示，截至2020年6月底，全国医疗卫生机构数达101.6万个；医院3.5万个，其中公立医院1.2万个，民营医院2.3万个。与2019年6月底比较，公立医院减少38个，民营医院增加1406个。

---

① 引自：前瞻产业研究院《2020—2025年中国医药流通行业商业模式与投资机会分析报告》。

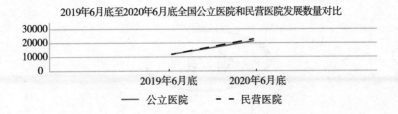

民营医疗机构的发展受政策影响较大，自2007年以来，多条政策推出支持社会办医。近年来政策逐步细化，其中以2019年《关于印发促进社会办医持续健康规范发展实施意见的通知》、2019年《关于提升社会办医疗机构管理能力和医疗质量安全水平的通知》、2020年《关于开展"民营医院管理年"活动的通知》等政策为代表，集中为社会办医提供市场准入、硬件资金、医保、人才等方面的支持，同时出台相关规范，加强对社会办医的监管。

从上述政策中可以窥见，放开增量市场依旧是未来几年医改的重要方向，但同时，国家对于医药企业和医疗机构的监管也将日趋严格，医药行业的合规工作应当是医药医疗企事业单位发展之路上的重点工作之一。合规体系的建立与完善有助于在员工责任与企事业单位责任之间建立防火墙，有助于通过学术界讨论日益升温的"合规相对不起诉"制度的落地实施，最终保障医药医疗企事业单位的健康发展。

在回顾过去一年行业发展形势、展望未来发展态势的基础上，本书编写组以业需求和行业合规问题为导向，以促进行业风险应对能力为抓手，经专项课题研究，并组织医药企业合规专家、医疗机构合规专家、行业管理者等反复论证，研究撰写了这本《中国医药企业与医疗机构合规蓝皮书（2019—2020）》。本书以医药生产企业合规重点、传统医药流通企业合规重点、互联网医药企业合规重点与民营医疗机构合规重点等四个部分为立足点。

医药（包含医疗器械，全文同）生产企业合规篇与传统医药流通企业合规篇梳理和分析了原料药价格管控与药品集采年度重大合规事件、学术推广重大合规事件、药物临床试验重大合规事件、药品专利重大合规事件与医药出口重大合规事件；医药企业商标年度重大合规事件、医药企业市场营销年度重大合规事件与税务年度重大合规事件；并对每章节核心问题进行评析，进而提出直击医药生产企业与传统医药流通企业合规痛点的建议。

互联网医药企业合规篇以2015年至2019年互联网医药电商市场为研究对象，分析研究了其商业模式及其发展前景，同时梳理了医药电商行业合规政策及其与行业发展的关系，最后对互联网医药电商面临的合规挑战进行剖析并提出应对之策。

在民营医疗机构合规篇中，以民营医疗机构设立中的合规问题、医疗机构执业中的合规问题、劳动人事管理合规问题、商事合同管理合规、医疗损害责任处理、与新冠肺炎疫情相关的合规管理为重点展开。该篇以2019年至2020年8月北京和上海两地与医疗机构相关的行政处罚案例共785例[①]为研究样本，对医疗机构资质不全，医疗废物、废水处理，违规宣传和欺诈，开展放射性诊疗行为，医疗机构病历管理等医疗机构执业中的问题进行数据分析及合规分析。

785例行政处罚样本是针对586家医疗机构做出的。从医疗机构类型的角度来分，包含的医疗机构类型主要为综合类医疗机构（包括门诊部、诊所等）255家、中医类医疗机构（包括中医诊所等）77家、口腔类医疗机构273家、医疗美容机构165家和其他类型医疗机构15家[②]。

本书是北京大学医学人文学院课题团队与北京天霜律师事务所合规团队对长期以来的医药企业和民营医疗机构合规工作的总结和升华。在编写过程中，编写组成员反复讨论，汲取多方意见，几易其稿，删繁就简，直击痛点，最终以这本《蓝皮书》的形式呈现新时期医药企业和民营医疗机构合规问题研究成果，以期帮助市场相关人士合法合规、高效有序地展开相关业务。

---

① 数据来源为市、区政府网站上的公开信息。
② 包括眼科类医疗机构11家、检测类医疗机构1家以及进行诊疗活动的养老院2家、护理院1家。

最后，要感谢北京大学医学人文学院课题团队与北京天霜律师事务所合规团队的各位成员，他们为报告的写作尽心尽力，花费了很多工作之外的时间。感谢中国公司法务研究院与爱恩希（上海）医院管理有限公司合作团队各位领导、同道们的大力帮助与支持。

鉴于时间仓促，书中难免有疏漏和不当之处，恳望读者批评指正。

北京大学医学人文学院课题团队

北京天霜律师事务所合规团队

2020年11月18日

目录

第三篇　互联网医药企业合规

第四篇　民营医疗机构合规

第一篇

医药生产企业合规

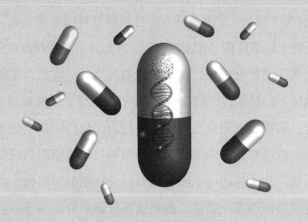

第一章　药品价格管控与药品集采合规

第一节　药品价格管控合规

一、药品价格管控年度重大事件

（一）扑尔敏原料药生产企业价格垄断案

2018年6月，媒体报道扑尔敏原料药短期之内价格快速上涨，导致部分药品停产，引起社会广泛关注。2018年7月，市场监管总局在外围调查的基础上对相关扑尔敏原料药企业立案调查。调查发现，河南九势制药股份有限公司（以下简称"河南九势"）是国内最大的扑尔敏原料药生产企业，湖南尔康医药经营有限公司（以下简称"湖南尔康"）自2018年以来获得扑尔敏原料药唯一进口代理资质。经研究论证，湖南尔康和河南九势在扑尔敏原料药市场具有市场支配地位。2018年2月以来，在湖南尔康主导下，两家涉案企业密切联系，相互配合，实施了滥用市场支配地位行为，包括：以不公平高价向下游经营者销售扑尔敏原料药；向下游经营者销售扑尔敏原料药时搭售相关药用辅料；以"无货"为由拒绝向下游经营者供应扑尔敏原料药，或提出缴纳高额保证金、将成药回购统一销售、提高成药价格并分成等下游经营者无法接受的条件，变相拒绝供应扑尔敏原料药。

涉案企业上述行为违反了《中华人民共和国反垄断法》有关规定。市场监管总局于2019年初依法做出行政处罚，责令两家涉案企业停止违法行为；对湖南尔康没收违法所得239.47万元，处以上一年度销售额8%的罚款计847.94万元；对河南九势处以上一年度销售额4%的罚款计155.73万元。对两家涉案企业罚没共计1243.14万元。

（二）冰醋酸原料药生产企业价格垄断案

2018年12月6日，国家市场监管总局网站发布公告称，成都华邑药用辅料制造有限责任公司、四川金山制药有限公司、广东台山新宁制药有限责任公司三家冰醋酸原料药生产企业违反了《中华人民共和国反垄断法》有关规定，市场监管总局责令三家企业停止违法行为，没收违法所得658.22万元；对三家企业分别处以上一年度销售额4%的罚款，计625.16万元。对三家涉案企业罚没共计1283.38万元。

（三）葡萄糖酸钙原料药经销企业垄断案

2020年4月14日，国家市场监督管理总局对3家葡萄糖酸钙原料药经销企业垄断行为做出行政处罚，罚没共计3.25亿元。

据行政处罚决定书披露，2015年8月至2017年12月期间，山东康惠医药有限公司（以下简称"康惠公司"）、潍坊普云惠医药有限公司（以下简称"普云惠公司"）和潍坊太阳神医药有限公司（以下简称"太阳神公司"）滥用在中国注射用葡萄糖酸钙原料药销售市场上的支配地位，实施了以不公平的高价销售商品、附加不合理交易条件的垄断行为，排除、限制了市场竞争。

康惠公司、普云惠公司、太阳神公司3家企业联合通过包销、大量购买或者要求生产企业不对外销售等方式，控制了中国注射用葡萄糖酸钙原料药销售市场。

经市场监管总局调查，2015年8月至2017年12月期间，康惠公司、普云惠公司、太阳神公司向江西新赣江、浙江瑞邦、成都倍特3家葡萄糖酸钙原料药生产企业购买原料药。上述3家葡萄糖酸钙原料药生产企业，基本不向其他经销企业和葡萄糖酸钙注射液生产企业供应原料药，下游制剂生产企业只能向康惠公司、普云惠公司、太阳神公司购买原料药，交易价格、数量等条件均由康惠公司等3家企业确定，制剂生产企业没有谈判空间，只能被动接受。

市场监管总局决定对上述3家公司从重做出处罚。对康惠公司没收违法所得1.089亿元，并处2018年度销售额10%的罚款，计1.438亿元；合计2.527亿元。对普云惠公司没收违法所得605万元，并处2018年销售额9%的罚款，计4830万元；合计5435万元。对太阳神公司没收违法所得605万元，并处2018年销售额7%的罚款，计1240万元；合计1845万元。

除上述案例外，以下表格梳理了《反垄断法》实施以来，反垄断执法机关公开的对于原料药企业的执法案例。从下述执法案例中，我们可以看出，近两年来，反垄断执法机关（市场监管总局）对原料药企业的处罚力度明显增强，连续开出数张原料药反垄断罚单；同时加大了处罚力度。例如，在针对葡萄糖酸钙原料药的案件中，市场监管总局对起主要作用的当事人的处罚比例达到了10%，10%也是截至目前反垄断执法机关公布的执法案例中最高的处罚比例。

表1-1　原料药反垄断执法案例梳理

处罚时间	涉及原料药	违法行为	罚款比例和金额
2020年4月14日	葡萄糖酸钙	滥用共同市场支配地位（不公平高价、附加不合理的交易条件）	分别处以当事人上一年度销售额10%、9%和7%的罚款，共计2.045亿元；另没收违法所得，共计1.21亿元。
2019年2月20日中止调查	苯巴比妥	滥用市场支配地位（拒绝交易）	中止调查
2018年12月30日	扑尔敏	滥用共同市场支配地位（不公平高价、拒绝交易、搭售）	分别处以当事人上一年度销售额4%和8%的罚款，共计1003.67万元；另没收违法所得，共计239.47万元。
2018年12月5日	冰醋酸	横向垄断协议（固定或变更价格）	处以各当事人上一年度销售额4%的罚款，共计625.16万元；另没收违法所得，共计658.22万元。
2017年7月28日	异烟肼	滥用共同市场支配地位（不公平高价、拒绝交易）	分别处以当事人上一年度销售额2%和3%的罚款，共计44.39万元。

处罚时间	涉及原料药	违法行为	罚款比例和金额
2017年 1月11日	水杨酸甲酯	滥用市场支配地位（附加不合理的交易条件）	处以当事人上一年度销售额3%的罚款，共计37.2321万元；另没收违法所得183.69万元。
2016年 11月24日	苯酚	滥用市场支配地位（拒绝交易）	处以当事人上一年度销售额1%的罚款，共计17，240元；另没收违法所得482883.9元。
2016年 7月22日	艾司唑仑	横向垄断协议（固定或变更价格、联合抵制交易）	分别处以当事人上一年度销售额7%、2.5%和3%的罚款，共计260万元。
2016年 1月15日	别嘌醇片	横向垄断协议（固定或变更价格、划分市场）	分别处以当事人上一年度销售额8%、5%、5%和5%的罚款，共计399.55万元。
2015年 10月28日		滥用市场支配地位（拒绝交易）	处以当事人上一年度销售额3%的罚款，共计439308.53元。
2011年 11月15日	盐酸异丙嗪	滥用市场支配地位（不公平高价）	罚款共计660万元，另没收违法所得42.96万元。

二、药品价格管控核心问题评析

近年来，原料药被垄断导致价格暴涨的新闻屡见报端，如苯酚被曝从230元/千克涨到23000元/千克，因原料药价格上涨，葡萄糖酸钙注射液由3.8元/支涨到19.8元/支。

在案例一中，两家涉案企业实施上述滥用市场支配地位行为，性质严重、危害程度较深。一是助推扑尔敏原料药价格上涨。作为最主要的扑尔敏原料药供应企业，涉案企业行为导致扑尔敏原料药供应紧张，价格上涨。二是严重破坏市场公平竞争。涉案企业行为损害下游经营者利益，使相关竞争者不能有效参与市场竞争，具有明显的排除、限制竞争效果。三是社会影响恶劣。扑尔敏原料药是生产2000余种常用药的重要原料，涉案企业行为导致扑尔敏原料药供应短缺、价格大幅上涨，部分下游厂商减产停产，损害了广大患者利益，造成了恶劣的社会影响。在接受反垄断调查后，上述企业及时纠正了违法行为，并恢复对扑尔敏原料药的正常供应。

在案例二中，三家企业的垄断行为性质严重、危害程度较深。一是严重排除、限制了市场竞争；二是加重下游制药企业负担；三是妨碍透析患者正常治疗。

在案例三中，三家企业的行为排除、限制了市场竞争，损害了葡萄糖酸钙注射液生产企业和患者利益。

原料药品领域的价格垄断行为主要包括分割原料药采购市场、原料药品生产企业的拒绝交易、出售原料药品的同时附加不合理交易条件等三大类。

（一）分割原料药采购市场的行为

分割原料药采购市场的行为是指控制原料药品生产厂家，严禁其向第三方发货的行为。

首先，从行为主体来看，该行为的主体是药品生产企业。

其次，从内容来看，该行为主要是药品生产企业通过独家代理等方式对原料药品生产厂家进行控制，从而从源头处控制该类药品的生产。

最后，从后果来看，由于药品行业的价格弹性比较小，分割药品原材料采购市场作为间接的药品价格垄断行为，会使同行业进入市场困难，药品价格固定在特定范围内。这不仅会损害原料药品市场的竞争秩序，使药品价格被人为操纵，也会导致药品的售后、质保以及创新的后劲不足。此外，还会使消费者的选择权受限，涨价的后果最终由消费者来承担。

（二）原料药品生产企业的拒绝交易行为

拒绝交易是指原料药品生产企业没有正当的理由，而拒绝向现有或者潜在的交易对象供货。

首先，从行为主体和目的来看，该行为主体是原料药品生产企业，原料药品企业实施拒绝交易的行为主要是为了达到以下四个目的：一是通过拒绝交易的行为达到清理下游药品市场的目的；二是为了引进能够降低销售成本的新的销售方式；三是为了实现最大的利润目标；四是为了将原料药品生产厂商的支配地位传导到药品下游市场，从而在药品下游市场中也具有市场支配地位。

其次，从内容来看，原料药品生产商的拒绝交易行为主要有以下三种类型：一是单方拒绝交易行为，这是指拥有市场支配地位的原料药品生产企业拒绝向下游的制药企业供应药品原材料的行为；二是联合抵制行为，这是指多家原料药生产企业通过达成协议的方式联合拒绝向第三方供货；三是独家交易，即具有市场支配地位的原料药品生产企业强制其贸易伙伴不能与其竞争对手进行交易而只能与其进行交易。

最后，从后果来看，该类型行为会导致原料药品价格上涨，损害社会竞争秩序。

（三）出售原料药品的同时附加不合理交易条件的行为

附加不合理的交易条件是指在向用户出售原料药品的同时，要求用户接受高价采购特定量的原料药或者强迫用户同意其他不合理的条件，否则便不予供应。

首先，从行为主体来看，该行为的实施主体是药品的生产厂家以及药品的经销商。

其次，从内容来看，附加不合理交易条件可以表现为在出售原料药品的时候，要求获得药品生产企业所生产药品的独家代理权；也可以表现为限定原料药品最低购买量，并禁止其进行二次销售；还可以表现为不法经销商获得了原料药品的垄断地位之后，以拒绝供应原料药品相要挟，要求药品制剂加工企业同意接受"委托加工"的生产模式，以达到强制回售的目的。

最后，从结果来看，该行为严重损害了竞争秩序，加重了药品生产厂家的负担，损害了消费者的合法权益。

三、合规律师团队建议

原料药垄断的原因有以下三点。

第一，我国的原料药生产原来执行的是审批制，生产企业必须有文号，近几年才逐渐推行备案制，这就导致原料药生产企业数量相对有限。

第二，近年来的"环保风暴"使很多中小原料药企业"关停并转"，原料药生产企业数量就更少了，特别是实际生产企业少于5家的，更容易形成垄断。相对而言，制剂市场的生产企业数量较多，是充分竞争的市场，所以不容易形成垄断。

第三，对于原料药企业，此前监管方面的"九龙治水"也更容易产生垄断行为。2018年政府机构改革新组建的国家市场监管总局，将原分散于国家发展和改革委员会的价格监督检查与反垄断执法职责，商务部的经营者集中反垄断执法以及国务院反垄断委员会办公室等职责整合，负责反垄断统一执法。这在解决原料药价格垄断问题上具有很大积极意义。

针对原料药领域的垄断频发问题，国家发改委已于2017年11月出台了《短缺药品和原料药经营者价格行为指南》（以下简称"《指南》"），其中列举了短缺药品和原料药领域各类垄断行为的具体表现形式，为原料药生产企业和销售企业提供了具有实操性的反垄断合规指引。在违法成本日益增加、执法力度日益严厉的大背景下，我们建议相关企业根据《指南》规定进行自我评估，结合现有执法案例，审视当前商业模式中有无涉嫌触碰《反垄断法》红线的内容，并进行适时调整。同时，原料药生产企业，尤其是市场上仅有少数几家原料药生产企业的情形下，在从事如下行为时需格外谨慎：第一，超出合理幅度的涨价；第二，与经销商之间达成独家经销或独家代理协议；第三，与竞争者之间达成有关联合涨价、分割市场或拒绝向第三方供货的安排等。

第二节　药品集中采购合规

药品集中采购，其核心是通过政府平台的组织，将各个医疗机构的药品采购量加以集合，通过政府的药品采购平台，统一向药企招标，本质上是一种降低药价的途径，其主要目的有如下两个。

第一，药品集中采购增加医疗机构的议价权。将一定范围内的医疗机构的采购需求集中在一起，通过更高的采购总量换取更低的价格，这也是集中采购最直接实际的效果。

第二，药品集中采购有助于减少流通过程中的环节。在医改的过程中，简化流通环节是一大指导思想。近年来不断试点推行的两票制，乃至正在鼓励推行的一票制也正是行政部门意图减少层层代理、简化流通环节的体现。

一、药品集中采购年度重大事件

2019年1月30日，北京市高级人民法院下达裁定书，维持了下级法院对广州柏赛罗药业有限公司（以下简称"柏赛罗"）起诉国家市场监管总局行政不作为一案的决定，驳回了柏赛罗上诉。2018年4月10日，柏赛罗请求国家市场监管总局调查深圳卫计委①和全药网的行政垄断行为。在诉讼中，柏赛罗声称，国家市场监管总局至今没有履行其法定义务，要求法院颁布强制令以使国家市场监管总局展开调查。北京市第一中级人民法院此前曾对此诉讼做出裁决，认为柏赛罗不具备起诉资格，裁定驳回起诉。在上诉中，北京市高院维持了这一裁定。

本案的起因是2017年，国家发改委与广东省发改委对深圳市卫计委在推进公立医院药品集团采购改革试点过程中的行政垄断行为进行调查。经查，深圳市卫计委的确存在以下违反法律规定的行为：第一，仅批准一家集团采购组织（即通过遴选的全药网药业）提供药品集团采购服务，导致深圳市公立医院药品集团采购市场只有一家经营者，没有竞争；第二，限定深圳市公立医院、药品生产企业使用全药网药业提供的服务，破坏了药品市场正常的竞争秩序；第三，限定药品配送企业由全药网药业指定。深圳市卫计委的行为违背了《国务院办公厅关于完善公立医院药品集中采购工作的指导意见》（国办发〔2015〕7号）关于药品生产企业可自主选择配送企业这一规定。深

---

① 根据深圳市机构改革的工作部署，2019年1月30日挂牌成立深圳卫健委。

圳市卫计委的做法同时也违反了《反垄断法》第八条和第三十二条的规定。调查后，深圳市卫计委认识到上述做法排除限制了深圳市公立医院药品集团采购市场的公平竞争，与《反垄断法》相关规定不符，表示将积极进行整改。

二、药品集中采购核心问题评析

GPO是一种将医疗机构的用药需求进行整合，然后以团购的方式与药品供应商进行议价的中介组织，它可以为医疗机构节约采购成本，间接地减轻消费者的购药负担。而在我国的运行中，该模式虽基本实现了预定的药品降幅目标，但是因为缺乏审查监管等原因产生了价格垄断的问题。从实质上来讲，这是一种特殊的串通投标行为，鉴于它具有行政主体和市场主体的双重身份，其垄断主要表现为纵向的垄断。

首先，从主体身份的认定层面来看，根据"全药网"公布的《已预约网上议价企业进行网上议价通知》中声明的"'报价（供 GPO）'必填、'报价（供医院）'选填"来看，药品生产企业向 GPO 的报价与 GPO 向医院的报价是不一致的，因此，GPO 除了是受委托的行政主体之外，它还是《反垄断法》中所定义的经营者。

其次，从行为方式的层面来看，在全市仅有一家 GPO 的情况下，其将占据100%的市场份额，可以在不受其他主体干预的情况下，对市场上药品的价格和产量进行控制，因此它具有强大的买方和卖方优势，在市场上具有优势地位，有能力实施拒绝交易或以不公平低价购买等价格限制行为。

最后，从后果层面来看，有两方面不利影响。一方面，以深圳的"全药网"为例，它在议价过程中会将那些规模小、产品单一的药品生产企业排除在外，使部分质优价廉的常用药被排挤出市场，因为只有大型的药品生产企业才有能力在一开始便承诺降价30%以上，因此，中标优势很明显，在中标后极可能垄断市场，对药价进行控制。另一方面，GPO 以不公平低价购买药品的行为极大地损害了药品生产者的利益，可能导致药品生产企业亏本，也会导致药品生产企业研发能力下降，对于药品企业的长远发展来说是不利的。

三、合规律师团队建议

作为一起典型案件，本案既反映了执法机关一贯的执法思路，也体现了执法机关最新执法趋势，对于企业及时了解并更新纵向合规体系有重要意义。

合规启示一：正确定位平台商角色，准确判断及防范反垄断风险。

平台商在交易中承担的角色为传统经销商、代理商，抑或为"中间商"，直接决定了控制其转售价格垄断风险的大小。因此，经营者应当结合自己业务需求与合规需求，正确定位平台商角色，并设计相应的合同条款，从而在保障合规操作的基础上最大限度实现业务需求。

合规启示二：纵向非价格限制已进入执法视野，企业应予以充分重视。

本案表明纵向非价格限制已正式进入执法机关的视野，企业应予以充分重视，应尽量避免将地域限制、客户限制等与价格相关联。同时，在单纯的地域限制、客户限制方面，企业应当合理把握限制的宽严程度，至少应允许针对消费者的被动跨区销售；特别是在有市场力量的产品上，企业应尤为谨慎。

附：新颁布的法律法规

1.《中华人民共和国药品管理法》（自2019年12月1日起施行）；

2.《国务院办公厅关于印发国家组织药品集中采购和使用试点方案的通知》（国办发〔2019〕2号）；

3.《关于国家组织药品集中采购和使用试点扩大区域范围的实施意见》（医保发〔2019〕56号）。

第二章 学术推广合规

第一节 学术推广（以医生为受众）合规

一、学术推广（以医生为受众）年度重大事件

（一）回收病例报告表返利

2019年7月，深圳市罗恒信息管理有限公司（以下简称"罗恒公司"）被上海市场监督管理局跨省处罚。

根据《上海市普陀区市场监督管理局行政处罚决定书》，罗恒公司为一家从事药品调查及推广工作的公司。2018年6月30日，罗恒公司与上海某某医药公司签署药品上市后调查及推广协议。协议约定：由罗恒公司负责普陀区某医院的药品调查及推广工作，上海某某医药公司按照2200元/份的价格回收病例报告表，给予罗恒公司调查推广费用。

罗恒公司为获取更多的病例报告表，以返利方式刺激医生开具处方，增加药品销量。2018年7月27日，其上海地区的业务员孙某与普陀某医院神经外科科室医生叶某商定，按照35元/支的比例给予其返利。2018年8月1日至10月31日期间，医生叶某开具处方92例让患者前往药房购买，药房销售合计544支。

2018年11月1日，当事人业务员孙某按照约定以现金方式向叶某支付返利19040元。因担心患者举报，医生叶某于2018年11月7日，以现金方式将19040

元返利退还给业务员孙某。

经统计，2018年11月1日，罗恒公司以现金方式从上海某某医药公司获取该项目2018年8月至10月的调查推广费用，合计30800元。根据《中华人民共和国行政处罚法》第二十三条和《中华人民共和国反不正当竞争法》第十九条，罗恒公司被处以没收违法所得及罚款一万元整的行政处罚。

（二）赞助学术会议违规

根据安徽省安庆市大观区人民法院刑事判决书，陈某为安庆某医院原党委委员、副院长、脑外科主任，属于国家工作人员，其利用职务便利，为他人谋取利益，收受他人财物共计价值人民币357.93万元。根据国家卫生计生委、国家中医药管理局[①]《关于印发卫生计生单位接收公益事业捐赠管理办法（试行）的通知》，捐赠人向卫生计生单位捐赠，应当由单位捐赠管理部门统一受理。卫生计生单位其他内部职能部门或个人一律不得直接接受。但2012年至2014年期间，陈某担任神经外科的教研秘书，在科室主任安排下联系开展学术活动以及保管科室的赞助等经费，接受部分药商、医疗器械、耗材商的赞助用于开展学术活动。该经费由陈某负责筹措，科室里另一位医生代为保管，陈某负责分配和使用；陈某曾以脑外科举办学术活动为由，收受医药公司职工21万元学术会议赞助费；另外，陈某在2016年、2017年2次以开展学术会议需要经费为由找某公司赞助，并收到9万元赞助费用。最终法院认定：陈某作为国家工作人员，利用职务之便，为他人谋取利益，共计收受他人财物价值人民币357.93万元，其行为已构成受贿罪，受贿数额特别巨大。判处有期徒刑八年，并处罚金人民币五十五万元。

二、学术推广（以医生为受众）核心问题评析

病历收集、学术会议、临床实验等都是常见的学术推广形式，其背后是

---

① 2018年3月，根据第十三届全国人民代表大会第一次会议批准的国家机构改革方案，组建国家卫生健康委员会，国家中医药管理局由中国家卫生健康委员会管理，不再保留国家卫生和计划生育委员会。

以提高疾病知晓率、诊断率和诊疗率为目的的整体推广战略。除了上述案例，2017年还有几家大型公司因学术推广违规被处罚，例如：（1）"中美上海施贵宝制药有限公司违规销售药品案"中，施贵宝支付了上海交通大学医学院附属新华医院心血管内科主任参加"欧洲心脏病学会"往返伦敦的商务舱机票共计57095元，随后该心血管内科则向当事人采购"福辛普利钠片/蒙诺"等6种药品合计价值人民币77万元多。最终，对施贵宝的处罚结果是没收违法所得人民币77万元，再行罚款10万元。（2）上海工商对泰凌医药信息咨询（上海）有限公司做出了处罚决定。上海泰凌，作为国内著名的CSO公司，在药品推广销售过程中，通过组织科室会、吃请和礼品等方式向采购药品医院的相关科室及其相关人员给付利益以促进药品销售数量，最终没收的违法所得和罚金高达1160万元。（3）上海工商局向意大利凯西医药开出行政处罚决定书，违法行为类型为"经营者采用财务或者其他手段进行贿赂以销售或者购买商品"。凯西在邀请医院相关医生开展学术会议的过程中外出旅游。在2014—2016年间，邀请各医院相关科室的医生开会旅游共花费50万元。最终处罚结果是没收违法所得29.9万元（扣除成本），并处罚金15万元。

上述案例，有些是由于企业参与了不合规营销而被工商局重罚，有些是医生因为接受学术推广费用被认定为受贿而被判处刑罚。在这些案例中，企业只做到了形式上的合规，但是没有事实合规。事实合规的核心是：不能跟直接利益方发生与销量挂钩的关系。不管具体实施方式是定向补贴还是只跟少量科室发生科室会、旅游、礼品和赞助等往来，只要跟销量挂钩，就不属于事实合规。

罗恒公司以返利方式刺激医生开具处方，增加药品销量；陈某直接收受学术推广赞助；施贵宝赞助科主任出国；泰凌医药赞助科室会；凯西制药支持旅游消费……这些行为都明显发生了与销量挂钩的关系——药企对销售量大的医院和相关科主任给予各种方式的优待，甚至超出了规格，最终药企从这种优待中获益。当然，药企赞助学术会议并非不可，这也是目前主要的学术营销方式之一，但必须是合理的餐饮服务费、路费、住宿费，赞助"商务舱"跨国旅行和高规格酒店显然是超标的。

2019年，医药反腐的力度、广度和决心都是空前的。国家医保局、财政部联合启动了77家药企会计质量核查；国家医保局、卫健委、公安部等9部委联合发文，严查医药贿赂；国家市场监督管理总局召开动员会，启动针对包括医药行业在内的反不正当竞争专项治理工作。国家各相关部委各司其职，目标指向却空前统一，均指向医药贿赂。在这些部委配合下，以贿赂推动销量的空间越来越小。

三、合规律师团队建议

近年来，随着"两票制""营改增"等政策的实施，传统的药品"带金销售"模式走到了尽头，合规销售成为药企的唯一选择。业界认为，中美施贵宝、泰凌医药以及凯西医药的先后被罚，更多的是为了警示相关药企，不管是外资企业、本土企业，还是合同销售组织（即CSO），都必须合规进行药品销售。

2013年，葛兰素史克"行贿门"事件爆发后，国家卫计委进一步严格医药流通监管措施，制定了《加强医疗卫生行风建设"九不准"》，严禁利用执业之便谋取不正当利益等，并宣布将在2014年启动黑名单制度。2016年，国家卫计委、发改委等9部委联合下发《2016年纠正医药购销和医疗服务中不正之风专项治理工作要点》，严厉查处"带金销售"等利用医疗卫生服务谋取不正当利益的行为。2017年1月，国务院办公厅下发《关于进一步改革完善药品生产流通使用政策的若干意见》，再次指出要建立医药代表等级制度，并公开备案信息。医药代表只能从事学术推广、技术咨询等活动，不得承担药品销售任务，其失信行为记入个人信用记录。

2017年12月22日，CFDA和国家卫计委办公厅联合发布公开征求《医药代表登记备案管理办法（试行）（征求意见稿）》意见。《征求意见稿》再次重点提出医药代表不得承担药品销售任务，不得直接销售实物药品，不得收款和处理购销票据，不得进行商业贿赂，不得对医疗卫生机构内设部门和个人直接提供捐赠资助赞助等规定。

值得一提的是，新修订的《反不正当竞争法》自2018年1月1日起施行。新《反不正当竞争法》重新定义了商业贿赂：买卖双方主体之外的第三方，帮助买方购买或者帮助卖方销售，从而获取一定利益的行为。相比于之前的《反不正当竞争法》，新《反不正当竞争法》加重了对商业贿赂行为的处罚，例如，罚款金额提高了，原来是1万—20万元，现在提高到了10万—300万元；还有一点比较严格，增加了吊销营业执照的处罚，行贿就可以吊销营业执照。

我们建议，医药企业学术推广合规要从以下三点做起。

（一）合规学术推广要有完整的证据链

所有营销活动要有完整的记录，要有完整推广的证据链。其中，需要包括时间、地点、人物、事件、组织者、现场照片和费用发票等。对一些主要做带金销售给回扣的药企来说，难以形成以上证据链。大批药企编造会议，套取费用，以学术推广为名行商业贿赂之实。随着医药商业贿赂审计越来越严，高压政策不断实施，监管机构从一些具体细致的形式合规，不断进行倒逼，最终要求药企完成"事实合规"。

（二）所有业务既要真实发生，又不能显失公平

在学术推广中，邀请医生做调研、讲课本身并没有问题，但如果给予医生与市场价格不符的高额报酬，这种付出与收入显失公平的操作方式，无论如何都是不可能通过合规审查的。在学术推广中，医生付出的劳动与其收获的劳务费都要相对公平合理，否则极易被执法机构认定为商业贿赂。

（三）忌现金交易

以上案例中，很多医药公司是以某某费用的名义，把钱做了入账之后，再把现金转移出来，去支付吃饭、请客、礼品等其他的营销费用，最终被工商局处罚。以任何方式挂账走现金，进行营销活动都是不合规的，这本质上

是洗钱的一种方式。

　　未来，"带金销售"的空间会越来越小，学术推广应当回归临床，回归产品，回归真实，只有真实、真正地去做学术推广才是真正的合规。

附：新颁布的法律法规

1.《中华人民共和国反不正当竞争法》（自2019年4月23日起施行）；

2.《中华人民共和国药品管理法》（自2019年12月1日起施行）。

第二节　学术推广（以非专业公众为受众）合规

一、医药企业广告违规的现状与典型案例

（一）医药企业广告违规现状简析

　　基于医学高专业性所带来的知识壁垒，普通消费者在求医选药时往往需要借助广告宣传形成对医药品牌、质量及效果的认知，进而做出购买选择。也正因如此，加大广告投放一直以来都是医药企业提升市场占有率与竞争力的重要策略之一。而在这一过程中，不免出现部分医药企业扰乱市场秩序，发布违规广告以追求不正当利益的现象。如北京市广告监测中心发布的广告监测报告显示，2020年5月至7月，在传统媒体上发布的医药类广告的涉嫌违法量始终在全市所有类别广告的违法量中排名前五（如图2-1）。

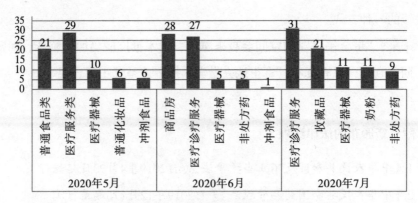

图2-1 传统媒体涉嫌违法量排名前五的广告类别统计

综合归纳全国各地区市场监督管理局公布的违法广告典型案例公告以及其他新闻媒体曝光的医药企业广告违规事件后可以发现，当前医药类广告违法主要体现为以下四种情形：

第一，未经广告审查机关审查批准，发布医疗行为、器械或药品广告；第二，于非指定的医学、药学专业刊物上发布处方药广告；第三，以专家、患者名义做推荐等手段发布含有诱导性、综合性评价或保证性内容的医药广告；第四，其他虚假广告。

（二）年度重大事件或典型案例

1.未经审查擅自发布医药广告的典型案例

（1）"999皮炎平"未经审查在《吐槽大会》中植入广告[①]

2019年，重庆盖勒普霍斯医药有限公司（以下简称"盖勒普霍斯"）为推销产品，在《吐槽大会》第三季第4、6、7三期片尾小剧场中通过张绍刚口播"999皮炎平绿色装，止痒就是快，无色无味更清爽""推荐您用999皮炎平绿色装""我发现这个999皮炎平，无色无味还很清爽，这个好哎，而且止痒还挺快的"等内容的方式发布广告，但是不能提交广告审查机关对广告进行审查的文件，且未标明注意事项。同年8月，上海市市场监督管理局执法总队对

---

① 国家市场监督管理总局. 2019年第四批虚假违法广告典型案件[EB/OL].（2019-12-17）[2020-09-01]. http://www.samr.gov.cn/xw/zj/201912/t20191217_309264.html9.

盖勒普霍斯做出行政处罚，责令其停止发布违法广告，并处罚款90万元。

（2）江苏淮安幸福医院未经审查发布户外医疗广告①

江苏淮安幸福医院未经审查即通过户外墙体、道路电线杆等多种载体发布医疗广告，且广告中存在虚假内容。2019年5月，淮安市淮阴区市场监督管理局做出行政处罚，责令涉事公司停止发布违法广告，并处罚款50万元。

2.于非指定刊物擅自发布处方药广告的典型案例

（1）甘肃河西制药擅自印制宣传册发布处方药广告②

2019年3月，甘肃河西制药有限责任公司为推广其公司生产的处方药雷丸片，授权其销售人员韩某印制1000册《中国菌药》药品宣传册在上海市复旦大学附属华山医院散发。《中国菌药》系无出版刊号的非医学、药学期刊媒介，其版面宣传内容含"河西雷丸片适用8类肿瘤人群，选择改变命运"等超出该药品广告审查核准内容的广告用语。该行为构成在医学药学期刊外媒介发布医药广告且存在虚假宣传成分，执法部门决定对其处以行政罚款201350元。

（2）山西仁国医药于微信公众号发布处方药广告③

2020年2月，山西仁国医药连锁有限公司被发现在其微信公众号上发布药品广告，广告中含有"阿司匹林肠溶片""阿克波糖片""复方丹参滴丸""盐酸二甲双胍""银杏叶片""消心痛""替米沙坦片""马来酸依那普利"等处方药广告内容，违反《广告法》第十五条规定。2020年4月，运城河津市市场监督管理局依法做出行政处罚，责令涉事公司停止发布违法广告，并处罚款5万元。

---

① 国家市场监督管理总局. 2019年第四批虚假违法广告典型案件[EB/OL].（2019－12－17）[2020－09－01]. http://www.samr.gov.cn/xw/zj/201912/t20191217_309264.html9.

② 国家市场监督管理总局. 联合整治"保健"市场乱象百日行动和反不正当竞争执法重点行动典型案例（三）[EB/OL].（2019－11－20）[2020－09－01].http://www.samr.gov.cn/xw/zj/201911/t20191120_308652.html..

③ 国家市场监督管理总局. 山西公布十起典型违法广告案例[EB/OL].（2020－08－18）[2020－09－01]. http://www.samr.gov.cn/ggjgs/sjdt/gzdt/202008/t20200818_320834.html.

3.发布含有诱导性、综合性评价或保证性内容的医药广告的典型案例

（1）江苏有来医疗科技发布含有安全性、有效性保证的医疗器械广告①

江苏有来医疗科技发展有限公司于2019年10月起在网店内上架"Dimip得迈心血管超声治疗仪"商品，在该产品页面上使用了"专业临床使用标明调脂效果与常规剂量降脂药物疗效相当，物理治疗无任何毒副作用，适合长期使用"。监管部门认为，该企业发布不当内容用于宣传其经营的医疗器械的行为，违反了《药品、医疗器械、保健食品、特殊医学用途配方食品广告审查管理暂行办法》相关规定，责令其消除影响，并罚款1万元。

（2）柳州多家药店使用"店长推荐""热卖中"等诱导性字样②

2020年5月，广西柳州市执法人员在百草堂医药连锁有限责任公司万丰药店、一和大药房连锁有限公司康立堂等药房的例行检查中发现：药品宣传牌上写有"夏季必备　旅行首选""热卖中　秋季咳　一瓶搞定""店长推荐""买五得六"等文字。监管部门认为，这些都属于诱导性和综合性评价内容，违反了《药品、医疗器械、保健食品、特殊医学用途配方食品广告审查管理暂行办法》，依法给予各门店1500元的罚款处罚。

4.其他虚假医药广告

（1）泰和药业利用疫情夸大宣传药品适应证范围③

广元市泰和药业连锁有限公司在新冠肺炎疫情期间，为推销其销售的药品，在经营场所发布含有使用国家机关的名义以及"藿香正气口服液每天两支适用预防及医学观察期""每天两支适合新型冠状病毒感染的肺炎疫情"等内容的药品广告，该公司无法提供相关材料证明广告中推销的商品有预防新冠肺炎的功效，以及无法提供广告审查批准文件。依据《广告法》第五十七条等规定，2020年2月，苍溪县市场监管局做出行政处罚，责令停止发布违法

---

① 海市监处字〔2020〕05007号行政处罚决定书。

② 柳市监处字〔2020〕17号行政处罚决定书；柳市监处字〔2020〕20号行政处罚决定书。

③ 四川省市场监督管理局.公开曝光2020年第一批虚假违法广告典型案件[EB/OL].（2020-06-04）[2020-09-02]. http://scjgj.sc.gov.cn/scjgj/c104475/2020/6/4/15ab7f17111e4ba981a6a0bdad82d34c.shtml.

广告，并处罚款6万元。

（2）河南平欣大药房超说明书宣传药品功效[①]

2020年1月29日，郑州市市场监管局在检查中发现河南平欣大药房有限公司祥盛街店内，张贴介绍"六神丸"药品功能及作用的促销海报，内容与药品外包装及说明书标注不符，涉嫌发布虚假广告，依据《中华人民共和国广告法》，执法人员对当事人处以30万元的罚款。

二、学术推广（以非专业公众为受众）核心问题评析

（一）明晰医药广告合规的形式与实质标准

1.形式标准：经审查批准

（1）审查范围的正面列举

依据《广告法》第四十六条之规定，医药企业发布医疗、药品、医疗器械广告的，原则上均应在发布前由有关部门对广告内容进行审查，未经审查的不得发布。简言之，报广告审查机关批准是医药企业发布医药广告的第一道门槛。而在这一原则性规定外，实则存在一系列特殊规则。以药品广告的分级管理制度为例，有如下三点需注意。

第一，对于特殊药品绝对禁止发布广告。依据《广告法》第十五条及《药品、医疗器械、保健食品、特殊医学用途配方食品广告审查管理暂行办法》（以下简称"《广告审查管理暂行办法》"）第二十一条之规定，对下列药品不得进行任何广告宣传：麻醉药品、精神药品、医疗用毒性药品、放射性药品、药品类易制毒化学品，以及戒毒治疗的药品、医疗器械；军队特需药品、军队医疗机构配制的制剂；医疗机构配制的制剂；依法停止或者禁止生产、销售或者使用的药品、医疗器械、保健食品和特殊医学用途配方食品；法律、行政法规禁止发布广告的情形。

---

① 国家市场监督管理总局.公布2020年第一批虚假违法广告典型案件[EB/OL].（2020-03-27）[2020-09-02]. http://www.gov.cn/xinwen/2020-03/27/content_5496397.htm.

第二，允许上述以外的处方药在特定载体上发布广告。此处的特定载体指且仅指国务院卫生行政部门和国务院药品监督管理部门共同指定的医学、药学专业刊物。换言之，任何逸出这一载体的处方药宣传行为均属违规。

第三，非处方药经审查批准可以公开发布广告。

（2）审查范围的反面排除

对于药品、医疗器械广告，《广告审查管理暂行办法》第二十三条规定，药品、医疗器械只宣传产品名称（含药品通用名称和药品商品名称）的，无须经审查批准即可发布。与之相似的，对于医疗广告，《医疗广告管理办法》第十五条第二款也规定，医疗机构在其法定控制地带标示仅含有医疗机构名称的户外广告，无须申请医疗广告审查和户外广告登记。

2.实质标准：内容合规

综合《广告法》《药品管理法》《广告审查管理暂行办法》《医疗广告管理办法》对医药广告提出的各项具体合规要求，本书总结了如下要点。

（1）药品、器械类医药广告应当以药品监督管理部门批准的注册证书或者说明书内容为准，不得含有虚假的内容。

（2）药品、器械类医药广告应当显著标明禁忌、不良反应和注意事项。其中，处方药应当显著标明"本广告仅供医学药学专业人士阅读"；非处方药广告应当显著标明OTC标识；推荐给个人自用的医疗器械的广告，应当显著标明"请仔细阅读产品说明书或者在医务人员的指导下购买和使用"。

（3）不得发布含有诱导性、综合性评价或保证性内容的医药广告。如广告中存在表示功效、安全性的断言或者保证；含有"热销、抢购、试用""家庭必备、免费治疗、免费赠送"等诱导性内容；含有"评比、排序、推荐、指定、选用、获奖"等综合性评价内容等。

（4）不得利用国家机关、科研单位、学术机构、行业协会或者专家、学者、医师、药师、患者等的名义或者形象做推荐、证明。

（5）广告中不得含有医疗机构的名称、地址、联系方式、诊疗项目、诊疗方法，以及有关义诊、医疗咨询电话、开设特约门诊等医疗服务的内容。

（6）不得发布明示或暗示包治百病等违反科学规律的其他虚假广告。

（二）厘清数字化营销趋势下医药广告合规的重点关注

随着互联网信息技术的发展，利用电脑、手机、数字电视机等终端代替报纸、广播、电视、杂志等传统媒体向用户进行医药宣传的做法已蔚然成风。特别是对于民营医疗机构，互联网医疗广告具有便捷、低廉、受众精确等特点，能够满足其多样化的需求，因而备受推崇。而在新型冠状病毒肺炎疫情之下，线下推广活动大面积暂停，采用数字化营销模式拓展新的业务市场更显得尤为关键。但在数字化营销趋势下，医药企业若想实现广告合规，除了需要满足上文提及的形式与实质合规标准外，还应当尤为关注以下三点内容。

1.通过网络直播方式发布医药广告的合规性探讨

相较于普通的互联网广告，直播营销方式更加凸显了变动快、隐蔽强等特点，因而广告审查机关往往无法实现强有效的事前监管。对此，为保护消费者合法权益，促进直播营销新业态健康发展，国家市场监管总局于2020年11月6日公开发布《市场监管总局关于加强网络直播营销活动监管的指导意见》，并明确不得以网络直播形式发布医疗、药品、医疗器械等应当进行发布前审查的广告。因此，绝对禁止医药企业通过网络直播方式发布未经审查的医药广告应当成为重点关注的内容之一。

2.在微信公众号软文中推送患者个人病历的合规性探讨

医药企业发布含有患者个人病历的公众号软文面临的最大风险即存在广告代言嫌疑。即使是从学术视角探讨药品的功能与适应证，最终也会得出与该药品功效或安全性相关的结论，进而落入广告范畴。同时，利用患者形象做推荐、证明又属于《广告法》及《广告审查管理暂行办法》明令禁止的行为，因而相应的违规风险较大。此外，是否征得患者本人同意也构成了医药企业广告合规的另一附加风险。未经患者本人同意擅自发布其病历信息，构成对他人隐私权的侵犯，患者可主张追求医药企业的侵权责任。

3.发布弹窗式医疗广告的合规性探讨

医药企业与浏览器平台进行利益勾结，在移动端和PC端发布弹窗成为当前互联网医疗广告的新的"表现形式"。弹窗广告能够实现对目标人群的精准推送，不仅扰民，还存在盗用患者信息、侵犯隐私等问题。而据市场监管部门近年来多次开展的"治理弹窗"专项行动结果来看，医疗行业弹窗广告违规情况最为显著，且主要集中于以下两种情形：其一，未于显著位置标明关闭标志；其二，关闭后会在短时间内再次弹起，即无法保证一键关闭。这违反了《广告法》第四十四条第二款"利用互联网发布、发送广告，不得影响用户正常使用网络的规定。在互联网页面以弹出等形式发布的广告，应当显著标明关闭标志，确保一键关闭"的规定，否则属于广告违规行为。

三、合规律师团队建议

（一）坚守医药广告合规标准红线

无论是对于传统营销模式下的医药广告，还是数字化营销模式下的医药广告，合规标准始终是医药企业应当坚守的红线与底线。形式合规即要求任何有关医疗、药品、医疗器械的广告，原则上均应在发布前由有关部门对广告内容进行审查，未经审查的不得发布。实质合规则要求医药广告在内容上真正做到真实、合法，不得含有虚假或者引人误解的内容。具体来看，实质合规标准主要对医药企业提出了以下六点要求：第一，广告内容应以药品监管部门批准的注册证书或说明书为准；第二，不得遗漏应当显著标明事项；第三，不得发布含有诱导性、综合性评价或保证性内容的医药广告；第四，不得利用国家机关、专家或患者等人做推荐；第五，不得发布含有医疗机构名称、联系方式、诊疗方法，以及有关义诊、咨询等医疗服务内容；第六，不得发布违反科学规律的其他虚假广告。

（二）避免使用疾病症状为切入点宣传药物

"孩子咳嗽老不好，多半是肺热，快用葵花牌小儿肺热咳喘口服液""嗓子干、痒、痛，咳不出、咽不下，刷牙恶心干呕，咽喉问题，反反复复，这是慢性咽炎，就用慢严舒柠牌清喉利咽颗粒"等广告为大众所熟知，但上述两则广告均存在违规嫌疑，问题就出在了其以疾病症状为切入点宣传药物，属于颠倒因果关系的宣传行为。例如，造成孩童咳嗽的原因多种多样，肺热仅是其中之一，因肺寒而导致的咳嗽比比皆是。其中的原理就在于症状与疾病之间并非是一一对应关系，如果药不对症，反而可能产生不良反应加重疾病。综上，此类广告存在故意扩大药品适应证的违规嫌疑。

（三）允许特定限度内的广告创意突围

在数字化营销模式的冲击下，医药企业利用传统媒体发布医药广告往往更注重广告创意、推陈出新。《广告法》与《广告审查管理暂行办法》虽要求药品及医疗器械广告内容必须与批准的说明书一致，但这并不意味着抹杀广告创意。在产品说明书所列的事项之外，允许广告主进行创意突围，如通过情景再现表演药品适应症状，或跳出传统固定的说教模式凸显趣味性与人性化等，但前提是应当保证不与说明书所列事项不一致或者矛盾。

（四）对互联网医药广告的特殊建议

第一，医药企业在选择广告宣传方式时，若未经审查批准应当绝对避免通过网络直播方式发布医疗、药品、医疗器械广告。

第二，微博、微信公众号的软文推广虽属当下较为热门的推广方式，但其中可能存在的违规风险不容忽视。如软文广告也必须于显著位置明确标注"广告"二字；不得发布含有患者个人病历资料的文章或视频等。

第三，发布互联网医药广告应当保证用户正常使用网络。以弹出等形式发布的医药广告，应当显著标明关闭标志并确保可以一键关闭。

附：新颁布的法律法规

1.《中华人民共和国药品管理法》（自2019年12月1日起施行）；

2.《药品、医疗器械、保健食品、特殊医学用途配方食品广告审查管理暂行办法》（自2020年3月1日起施行）。

第三章　药物临床试验合规

药物临床试验是指以药品上市注册为目的，为确定药物安全性与有效性在人体开展的药物研究。在我国境内开展药物临床试验活动的全过程，包括临床试验的方案设计、组织实施、监察、稽查、记录、分析、总结和报告等，都应当遵循《疫苗管理法》《药品管理法》等法律法规，以及《药品注册管理办法》《药物临床试验机构管理规定》等管理规定。参与药物临床试验的各主体应当保证药物临床试验全过程符合《药物临床试验质量管理规范》（以下简称GCP）和持续合规，保证药物临床试验数据和结果的科学、真实、可靠，保护受试者的权益和安全。

药物临床试验合规管理，重点涉及受试者权益保护、临床试验数据安全管理、临床试验中人类遗传资源管理以及反商业贿赂等要求。本章主要介绍前三方面内容，反商业贿赂合规管理见第二章"医药企业市场营销合规"相关内容。

第一节　药物临床试验受试者的权益保护和安全

一、受试者的权益保护和安全年度重大事件

（一）受疫情影响，突发公共卫生事件下临床试验受试者权益保护和安全引发实务界和学术界讨论和关注

受新型冠状病毒（2019-nCoV）肺炎疫情影响，正在开展临床试验或者即

将开展临床试验的实施进程可能会面临诸多实际困难。如果临床试验机构人员或者受试者感染，这将会面临可能来自人员隔离、临床试验机构关闭、试验药物无法发送和使用、受试者脱落、相关检验检查不能按要求完成等各方面的挑战，这些挑战会导致不可避免的试验方案偏离。同时新冠肺炎疫情防控会导致交通受限和临床试验机构业务限制，临床试验也面临试验药物发送、用药后检查、随访等实际困难，受试者药物可及性和安全性评估等都会受到影响。

2019年年底，各药物临床试验申办者和研究者纷纷召开网络专家研讨会和培训会，积极开展政策研究和寻求合规支持，以保障受试者合法权益，同时减少后续纠纷。

（二）新冠肺炎药物（尤其是疫苗）的临床试验管理与受试者权益保护引发社会关注和讨论

自遭遇新冠肺炎疫情以来，我国科研和医疗团队不断探索有效的预防和治疗方法。治疗新型冠状病毒感染的相关药物研究和新冠疫苗研制逐步进入临床试验阶段。志愿者分批参与新冠疫苗临床试验，受试者身体健康面临不确定风险，受试者的法律权益引发社会讨论。

二、受试者的权益保护和安全核心问题评析

受新冠肺炎疫情影响，许多临床试验实施进程面临诸多实际困难，部分受试者权益和安全可能会受影响。2020年7月，药品监督管理部门与申办者、研究者共同讨论制定《新冠肺炎疫情期间药物临床试验管理指导原则（试行）》（国家药监局药审中心通告2020年第13号），以完善特殊时期的药物临床试验管理工作。

在疫情或其他公共卫生事件发生的情况下，参与临床试验的各方也应严格遵循药物临床试验质量管理规范的各项要求，确保受试者权益和安全。各方应认真履行临床试验中的相关职责，确保任何一方在公共卫生事件发生期

间履职到位。参加临床试验的所有人员应按照国家发布的新冠肺炎疫情防控工作要求采取个人防护措施，特别是应加强受试者个人防护管理，切实保护受试者。

第一，申办者对临床试验及安全风险管控承担主体责任，对临床试验的安全性和质量负总责，临床试验各有关方承担相应责任。

第二，药物临床试验机构是药物临床试验中受试者权益保护的责任主体。

第三，伦理委员会负责审查药物临床试验方案的科学性和伦理合理性，审核和监督药物临床试验研究者的资质，监督药物临床试验开展情况。

第四，研究者是实施临床试验并对临床试验质量及受试者权益和安全负责的试验现场的负责人。

疫情期间会面临临床试验方案变更等问题，应充分保障受试者参加临床试验的知情权、隐私权、自愿参加和退出权、试验用药物（包括对照药品）的免费使用权、发生不良事件时获得及时救治权、发生严重不良反应事件时的被赔偿权等权益，并且应如实记录并存档备查。申办者可就疫情防控措施与监督管理部门进行沟通讨论，就试验实施的相关变更与研究者、临床试验机构进行商定。在任何情况下，都应让受试者及时了解可能影响他们的研究和监测计划的变化。所有应对疫情所采取的措施，目的均应是最大限度地保护受试者安全，尽可能保证试验数据的质量，将疫情对临床试验完整性的影响降至最低。

疫情期间会面临临床试验方案变更、试验场所改变、新研究者加入、各方计划外沟通交流等情况，这些均应如实记录并存档备查。对于应报伦理委员会审查的临床试验方案、知情同意书，以及伦理委员会履行其职责所需要的其他文件的变更，应当及时报伦理委员会审查。临床试验期间记录的原始文件应完整保存，除正常记录受试者的各类试验相关信息外，因疫情原因导致受试者的任何与试验相关的方案偏离、退出或终止试验、安全性信息等均应按照GCP中原始文件的要求进行记录、修改和报告。

对受疫情影响的尚未开展和即将开展的临床试验，应加强从受试者招募开始到临床试验结束的全过程的风险和质量管理。申办者应严格评估启动新临床试验或招募新受试者的可行性，需重点关注对受试者安全的影响，综合考虑试验药物的特点、临床试验各相关方安全监测的能力、疫情对试验药物供应链的潜在影响、所涉及疾病的性质，以及临床试验机构所在地区采取的疫情防控措施等。重新评估临床试验的启动和进行，当临床试验面临试验药物发送、用药后检查、随访等实际困难时，建议申办者提出可行的替代方法，应保证受试者安全和权益，确保能够获得研究数据，并保证其质量和可溯源性。

三、合规律师团队建议

药物临床试验应当符合《世界医学大会赫尔辛基宣言》原则及相关伦理要求，受试者的权益和安全是考虑的首要因素。药物临床试验应优先保护受试者的权利和利益，优先于对科学和社会的获益。医药企业的合规管理，伦理审查与知情同意是保障受试者权益的重要措施。药物临床试验应当有充分的科学依据。临床试验应当权衡受试者和社会的预期风险和获益，只有当预期的获益大于风险时，方可实施或者继续临床试验。

如果突发公共卫生事件或其他事件，可能对试验的获益或风险平衡产生严重影响，申办者和研究者需要立即采取行动，以保护受试者免于急性危害，可在没有事先通知的情况下采取紧急的安全措施，但是必须尽快将信息提供给监督管理部门。如果是可能影响受试者的安全和/或试验的科学价值的变更，但并不需要申办者或者研究者立即采取行动的，则应将其作为重大修订提交申请。即使由于与受试者安全性无关的原因而暂停临床试验，例如为避免对医疗人员造成不必要的压力，申办者也应通知监督管理部门。

第二节 药物临床试验数据管理

一、药物临床试验数据管理年度重大事件

国家药品监督管理部门于2015年7月发布《关于开展药物临床试验数据自查核查工作的公告》（2015年第117号）要求所有已申报待审的药品注册申请人，对已申报生产或进口的待审药品注册申请药物临床试验情况开展自查，并开始对申报生产或进口的待审药品注册申请开展药物临床试验数据核查，临床试验数据不真实、不完整的严重问题集中暴露于公众。临床试验数据不真实或者造假问题，涉及国内有关知名医药企业和国内著名三甲医院，社会影响重大。

2019年4月4日，国家药监局发布《关于药物临床试验数据自查核查注册申请情况的公告（2019年第21号）》，决定对新收到的15个已完成临床试验申报生产的药品注册申请进行临床试验数据核查；2019年5月20日，国家药监局发布《关于药物临床试验数据自查核查注册申请情况的公告》（2019年第42号），决定对新收到的3个已完成临床试验申报生产的药品注册申请进行临床试验数据核查。相关公告发布，表明药品监管部门将继续推进药物临床试验数据自查核查注册申请工作，进一步规范药物临床试验数据管理。

二、药物临床试验数据管理核心问题评析

真实、规范、完整的临床试验数据是判定药品安全性、有效性和质量可控性的重要依据。但是由于复杂的原因，药品注册申请中的临床试验数据不真实甚至弄虚作假问题长期存在。一些药品注册申请人对临床试验过程不参

与、不监督，有的授意或者默许临床试验造假。临床试验研究者违反有关规定，没有将试验中的数据真实、准确、完整地载入病历和病历表中，甚至篡改数据。申请人委托的临床试验机构对试验行为没有履行相应的监督责任，有的甚至成为规避监管、弄虚作假的"教唆者"[①]。

《药品管理法》《药品注册管理办法》和《药物临床试验质量管理规范》都规定应加强药品研制、生产、经营、使用活动的记录和数据管理，确保有关信息真实、准确、完整和可追溯。药物注册申请人申请药品注册，要提供真实、充分、可靠的数据、资料和样品，证明药品的安全性、有效性和质量可控性。使用境外研究资料和数据支持药品注册的，其来源、研究机构或者实验室条件、质量体系要求及其他管理条件等应当符合国际人用药品注册技术要求协调会通行原则，并符合我国药品注册管理的相关要求。所有临床试验的纸质或电子资料应当被妥善地记录、处理和保存，能够准确地报告、解释和确认，并应当保护受试者的隐私和其相关信息的保密性。

在药品注册过程中，提供虚假的证明、数据、资料、样品或者采取其他手段骗取临床试验许可或者药品注册等许可的，按照《药品管理法》第一百二十三条处理，即提供虚假的证明、数据、资料、样品或者采取其他手段骗取临床试验许可、药品生产许可、药品经营许可、医疗机构制剂许可或者药品注册等许可的，撤销相关许可，十年内不受理其相应申请，并处五十万元以上五百万元以下的罚款；情节严重的，对法定代表人、主要负责人、直接负责的主管人员和其他责任人员，处二万元以上二十万元以下的罚款，十年内禁止从事药品生产经营活动，并可以由公安机关处五日以上十五日以下的拘留。

为依法惩治药品、医疗器械注册申请材料造假的犯罪行为，强化责任追究，最高人民法院、最高人民检察院在2017年8月发布《关于办理药品、医疗器械注册申请材料造假刑事案件适用法律若干问题的解释》（法释〔2017〕15

---

① 国家药品监督管理局.从源头保障药品安全性和有效性[EB/OL]. https://www.nmpa.gov.cn/yaopin/ypjgdt/20151231090501320.html.

号）（自2017年9月1日起施行），对编造受试动物信息、受试者信息等药物非临床研究数据或者药物临床试验数据，影响药品安全性、有效性评价结果的，以"故意提供虚假证明文件"论处，最高可判五年有期徒刑，即药物非临床研究机构、药物临床试验机构、合同研究组织的工作人员，故意提供虚假的药物非临床研究报告、药物临床试验报告及相关材料的，应当认定为刑法第二百二十九条规定的"故意提供虚假证明文件"。药品注册申请单位的工作人员，故意使用虚假药物非临床研究报告、药物临床试验报告及相关材料，骗取药品批准证明文件生产、销售药品的，应当依照刑法第一百四十一条规定，以生产、销售假药罪定罪处罚。药品注册申请单位的工作人员指使药物非临床研究机构、药物临床试验机构、合同研究组织的工作人员提供虚假药物非临床研究报告、药物临床试验报告及相关材料的，以提供虚假证明文件罪的共同犯罪论处。

三、合规律师团队建议

临床试验数据不真实、不完整和不规范等问题，违反了《药品管理法》《药品注册管理办法》和GCP的有关规定，给药品安全性、有效性带来隐患，严重影响公共安全。《刑法》和《药品管理法》对临床试验数据造假问题给予最严厉的处罚。

医药企业（药品生产企业、药物临床试验机构、CRO等）应自觉纠正临床试验数据不真实、不完整的问题，必须将确保临床试验有关信息真实、准确、完整和可追溯作为其临床试验合规的最基本要求和最核心工作。通过加强培训，建立标准操作规程、文件记录管理和加强执行力以及沟通等措施，保证所有临床试验的纸质或电子资料应当被妥善地记录、处理和保存，能够准确地报告、解释和确认，并保护受试者的隐私和其相关信息的保密性，实现保证数据科学性和数据文档真实完整性，以及获得数据过程合规性的三统一。

第三节　人类遗传资源管理

一、人类遗传资源管理年度重大事件

（一）《中华人民共和国人类遗传资源管理条例》

2019年3月20日国务院常务会议审议通过了《中华人民共和国人类遗传资源管理条例》（自2019年7月1日起施行），为我国人类遗传资源管理提供了新的法制遵循。2019年12月27日科技部办公厅发布《关于开展全国人类遗传资源行政许可管理专项检查有关工作的通知》（国科办函社〔2019〕296号），根据《中华人民共和国人类遗传资源管理条例》精神，进一步加强我国人类遗传资源管理工作，科技部联合有关部门定于2019年12月—2020年2月开展人类遗传资源行政许可管理专项检查，部分知名医药企业受到处罚。

医药企业对人类遗传资源采集、保藏、利用、对外提供的合规情况，直接决定企业的涉有人类遗传资源利用的临床试验能否得以顺利开展。

（二）庞某等与国家药品监督管理局信息公开一案

经北京市第一中级人民法院和北京市高级人民法院审理[1][2]，判决认定某国外生产厂商申请的"13价肺炎球菌多糖结合疫苗的《进口药品注册证》的申请材料和该疫苗在我国境内进行临床试验或验证的材料"涉及商业秘密，不属于政府信息公开范围。

---

[1]　庞某与国家药品监督管理局信息公开一审行政判决书. 中国裁判文书网[2020-02-10].https://wenshu.court.gov.cn/website/wenshu/181107ANFZ0BXSK4/index.html?docId=63bef68103d24695badcab4b000bcb20.

[2]　庞某等与国家药品监督管理局信息公开二审行政判决书. 中国裁判文书网[2020-02-10]. https://wenshu.court.gov.cn/website/wenshu/181107ANFZ0BXSK4/index.html?docId=052fb33d839240da9141ab4b000bc61b.

原告庞某诉称，2016年6月，某国外生产厂商为了尽快将其疫苗产品13价肺炎球菌多糖结合疫苗在中国上市，在提交《进口药品注册证》申请材料过程中，涉嫌造假，委托苏州药××新药开发股份有限公司①，将人类血清（人类遗传标本）伪装成犬血清，出口到美国进行非法临床试验，得出非法临床试验数据，以作为《进口药品注册证》的申请材料。为了进一步查明情况，庞某向被告国家药监局提出政府信息公开申请，要求公开"13价肺炎球菌多糖结合疫苗的《进口药品注册证》、国外生产厂商或经营代理商申请13价肺炎球菌多糖结合疫苗的《进口药品注册证》的全部申请材料和该疫苗在我国境内进行临床试验或验证的材料"。国家药监局在征求国外生产厂商意见后，开展公共利益影响评估，辩称庞某申请获取的信息涉及第三人的商业秘密，不公开不会对公共利益造成重大影响。第三人某国外生产厂商认为庞某申请获取的信息属于企业保密信息，不同意公开。

一审和二审法院经审理均认为，被告国家药监局结合相关证据进行认定后，对原告申请公开的其他信息以涉及商业秘密为由未予公开，程序合法，证据确凿，适用法律正确，予以支持。

二、人类遗传资源管理核心问题评析

人类遗传资源事关国家安全和人类健康安全，是生物医药研发、疾病诊疗、健康产业发展的核心战略资源，也是生命科学前沿研究和生物高新技术发展的重要基础。人类遗传资源管理与药物临床试验管理分属两大部委，但按照目前的制度规定，能否顺利获得人类遗传资源相应行政许可或者备案，已成为涉及人类遗传资源的药物临床试验能否有机会开展的前提和关键。

长期以来，我国人类遗传资源管理存在三大突出问题，一是人类遗传资

---

① 2018年10月，科技部官网公开6条涉及人类遗传资源的行政处罚，涉及国内知识企业和医院。罚单显示，这6家单位均违反了人类遗传资源管理规定，有的违规转运接收已获批项目的剩余样本；有的违规开展国家合作研究；有的甚至将人血清作为犬血浆违规出境。其中苏州药××新药开发公司未经许可将5165份人类遗传资源（人血清）作为犬血浆违规出境。

源非法外流不断发生；二是人类遗传资源的利用不够规范、缺乏统筹；三是利用我国人类遗传资源开展国际合作科学研究的有关制度不够完善。2018年10月，科技部官网公布了6件人类遗传资源的行政处罚案件信息，相关国内知名企业和单位有意或无意涉及违规采集、收集、买卖、出口、出境人类遗传资源的严重问题。从2015年至2019年，科技部持续开展全国人类遗传资源行政许可管理专项检查，可见这一问题的严重性和重要性。

2020年北京市高级人民法院审理庞某等与国家药品监督管理局信息公开一案，认定药物研制和审评审批中进行的临床试验或验证的材料，如果涉及商业秘密，不属于政府信息公开范围，公众不能要求申请公开，只能申请公开符合信息公开规定的临床试验备案信息、药品审评许可的进口批准证书、人类遗传资源许可等信息。医药企业在药品注册申请中相关的人类遗传资源利用信息不属于国家药监局信息公开范围，但医药企业要主动承担起第一责任主体的职责，主动建立人类遗传资源利用和保护的合规体系，加强人类遗传资源保护和利用的能力建设。

三、合规律师团队建议

生物安全是人民健康、社会、国家利益的重要保障。生物安全已经成为整个人类共同面临的重大生存和发展威胁之一。2019年国家发布《人类遗传资源管理条例》对人类遗传资源的采集、保藏、利用、对外提供等各环节进行规范管理。2020年10月17日第十三届全国人民代表大会常务委员会第二十二次会议通过《中华人民共和国生物安全法》（自2021年4月15日起施行），其中第六章专门规定了"人类遗传资源与生物资源安全"。国家接连出台新法规和制定新法律，防范和应对生物安全风险，加强人类遗传资管理，足见相关问题的重要性。开展药物临床试验工作的医药企业，务必高度重视人类遗传资源合规管理，在实际工作中至少应该做好以下三方面工作。

第一，加强学习和培训，提高政治站位。人类遗传资源关乎国家生物安全和人民生命健康，各有关单位要高度重视，加强组织领导，切实提高规范人类遗传资源管理的思想认识。应深知人类遗传资源管理的红线和底线。国家对我国人类遗传资源和生物资源享有主权。外国组织、个人及其设立或者实际控制的机构不得在我国境内采集、保藏我国人类遗传资源，不得向境外提供我国人类遗传资源。

第二，加强流程管理和审批要求，保障人类遗传资源管理合法合规。采集我国人类遗传资源应经人类遗传资源提供者事先知情同意，采集、保藏、利用、对外提供我国人类遗传资源应通过伦理审查。利用我国人类遗传资源开展国际合作科学研究的，应由合作双方共同提出申请，并取得科技部的批准。外方单位需要利用我国人类遗传资源开展科学研究活动的，应采取与我国科研机构、高等学校、医疗机构、企业合作的方式进行。为获得相关药品和医疗器械在我国上市许可，临床机构利用我国人类遗传资源开展国际合作临床试验、不涉及人类遗传资源材料出境的，在开展临床试验前应当将拟使用的人类遗传资源种类、数量及其用途向国务院科学技术行政部门备案。需将我国人类遗传资源材料运送、邮寄、携带出境的，应取得科技部出具的人类遗传资源材料出境证明，凭人类遗传资源材料出境证明办理海关手续。另外，利用我国人类遗传资源开展国际合作科学研究，合同中应当保证中方单位及其研究人员在合作期间全过程、实质性地参与研究，研究过程中的所有记录以及数据信息等完全向中方单位开放并向中方单位提供备份。利用我国人类遗传资源开展国际合作科学研究，所产生的成果申请专利的，应当由合作双方共同提出申请，专利权归合作双方共有。

第三，加强信息管理要求，关注人类遗传资源信息和数据保护。将人类遗传资源信息向外国组织、个人及其设立或者实际控制的机构提供或者开放使用的，应当向国务院科学技术行政部门备案并提交信息备份。将人类遗传资源信息向外国组织、个人及其设立或者实际控制的机构提供或者开放使用，可能影响我国公众健康、国家安全和社会公共利益的，应当通过国务院科学技术行政部门组织的安全审查，如果可能属于国家秘密的，应当依照国家有关保密规定实施保密管理。

附：新颁布的法律法规

1.《中华人民共和国人类遗传资源管理条例》（国务院令第717号，自2019年7月1日起施行）；

2.《中华人民共和国疫苗管理法》（自2019年12月1日起施行）；

3.《中华人民共和国药品管理法》（自2019年12月1日起施行）；

4.《药物临床试验机构管理规定》（公告2019年第101号，自2019年12月1日起施行）；

5.《药品注册管理办法》（2020年1月22日国家市场监督管理总局令第27号，自2020年7月1日起施行）；

6.《药物临床试验质量管理规范》（公告2020年第57号，自2020年7月1日起施行）；

7.《中华人民共和国生物安全法》（自2021年4月15日起施行）。

第四章　药品专利合规

一、药品专利年度重大事件

石药集团恩必普药业有限公司与丽珠集团利民制药厂侵害发明专利权纠纷再审案

案件事实：原告恩必普公司拥有涉案专利"丁苯酚环糊精或环糊精衍生物包含物及其制备方法和用途"的专利权，涉案专利申请日为2002年6月17日，优先权日为2001年6月18日，授权公告日为2004年9月15日。原告恩必普公司从药品评审中心网站上发现，药品评审中心受理了被告丽珠制药厂涉案仿制药的生产注册申请且正在审批，审评状态为"排队待审评"。原告认为被告以生产经营为目的，在药品审评中心申请注册涉案仿制药的行为，侵犯了恩必普公司的涉案专利，如不及时制止，将给恩必普公司带来无法挽回的损失，请求法院判令被告撤回其在药审中心的生产注册申请。该案经过一审、二审法院判决，均认为被告的注册申请行为不构成专利侵权。

2019年6月18日最高人民法院驳回原告的再审申请。最高院认为，案件争议焦点为被告向药品评审中心申请注册仿制药的行为是否构成对原告涉案专利权的侵害。《专利法》第十一条第一款规定："发明和实用新型专利权被授予后，除本法另有规定的以外，任何单位或者个人未经专利权人许可，都不得实施其专利，即不得为生产经营目的制造、使用、许诺销售、销售、进口其专利产品，或者使用其专利方法以及使用、许诺销售、销售、进口依照该专利方法直接获得的产品。"第六十九条第五项规定："为提供行政审批所需要的信息，制造、使用、进口专利药品或者专利医疗器械的，以及专门为其制造、进口专利药品或者专利医疗器械的，不视为侵犯专利权。"最高院认为，专利法第十一条第一款对于"实施专利"的侵权行为有明确的规定，只有进行了上述规定中所列举的行为，才属于侵犯专利权的行为。该案被告实施的行为是申请涉案仿制药注册，这是一种行政许可申请行为，不属于专利法中规定的"实施专利"的行为，因此，被告的行为不构成专利侵权行为。此外，即使被告实施了制造、使用、进口专利药品的行为，只要上述行为是为了向行政机关提交行政审批所需的信息，根据专利法第六十九条第五项规定，被告的行为也不被视为侵犯专利权。因此，被告不构成专利侵权。因被告的行为不构成专利侵权，也不需要对被告申请注册的涉案仿制药是否落入原告涉案专利权的保护范围进行认定。

上述案例，涉及药品注册审批与药品专利权的关联性问题，针对该问题国外已经建立相应的制度，即我们所熟知的"药品专利链接制度"。

二、药品专利核心问题评析

药品专利链接制度最早来源于美国1984年制定的Hatch-Waxman法案。在20世纪60年代，"反应停"事件促使美国通过了《卡法尔-哈里斯修正案》（Kefauver-Harris Amendment），首次要求药品上市前须向FDA提交安全性和有效性的临床试验数据，法案的实施增加了仿制药物的研发、上市成本，对仿制药产业造成较大影响。[1]为了改善该修正案带来的不良影响，美国制定了Hatch-Waxman法案，首次规定了药品专利链接制度。[2]2003年，美国颁布《医疗保险处方药改良和现代化法案》（MMA）和《更容易获得可支付药品法》（GAAP），对专利链接制度进行了完善。[3]

什么是药品专利链接制度？目前尚无规范、统一的定义。正大天晴药业

---

① 李蓓.中美药品专利链接制度研究[J].科技与法律，2018，(1):11.

② 李蓓.中美药品专利链接制度研究[J].科技与法律，2018，(1):11—12.

③ 李蓓.中美药品专利链接制度研究[J].科技与法律，2018，(1):12.

集团副总裁耿文军认为："广义的药品专利链接制度是通过对仿制药上市申请审批与相应的药品专利权有效性审核之间的链接，预防仿制药厂对已有药品专利的侵犯，同时简化对仿制药的申报要求，在已有药品专利权未到期前，开展对仿制药的审查以加速仿制药的上市。"[1]

随着美国对药品专利链接制度的推动，加拿大、新加坡、澳大利亚、韩国、我国台湾地区等相继建立了该制度。[2]欧盟、印度法律上则始终未规定药品专利链接制度。[3]

（一）美国药品专利链接制度

美国药品专利链接制度包括桔皮书制度、ANDA申请声明制度、审批等待期制度、首访药市场独占期制度、反向支付和解协议制度以及Bolar例外制度。

1. 桔皮书制度

根据Hatch-Waxman法案，原研药企业在申请新药上市时，需要向美国食品药品监督管理局（FDA）提供与所申请药品相关的专利信息，FDA将可登记的专利信息登记于桔皮书（Orange Book）中，药品获批上市后，如果有新的授权专利，专利权人应在30天内向FDA申请补充登记。[4]桔皮书是实施药品专利链接制度的基础，只有列入桔皮书的专利，才适用该制度。桔皮书的内容"包括已经批准的药品、新批准的药品以及已有数据的修改，其附录中记录了药品的专利情况和数据独占保护期，超过专利期和数据独占期的药品会从桔皮书中删除"。[5]

桔皮书中的专利分为活性成分专利和非活性成分专利，其中非活性成分专利包括使用方法专利和产品专利（包括组合物或剂型专利）。[6]从数量上来

① 耿文军，丁锦希.影响药品专利链接制度的重要因素和解决路径[J].知识产权，2018,(7):88.

② 梁志文.药品专利链接制度的移植与创制[J].政治与法律，2017,(8):105.

③ 梁志文.药品专利链接制度的移植与创制[J].政治与法律，2017,(8):108-109.

④ 张浩然.竞争视野下中国药品专利链接制度的继受与调适[J].知识产权，2019,(4):56.

⑤ 李蓓.中美药品专利链接制度研究[J].科技与法律，2018,(1):12.

⑥ 邱福恩.美国药品专利链接制度实践情况及其启示[J].知识产权，2018,(12):88.

看，非活性成分专利数量远远超过活性成分专利，在非活性成分专利中，使用方法专利数量则显著高于产品专利。①

2. ANDA申请声明制度

在美国，一旦FDA审批通过了原研药企业的新药上市申请，其他公司可以依据Hatch-Waxman法案申请上市该原研药的仿制药。仿制药的申请即简略新药申请（Abbreviated New Drug Application，ANDA）需要证明的是仿制药和原研药的活性成分相同，与原研药具有生物等效性。提交ANDA需要满足三个条件，其中之一就是必须提交四种声明中的一种或者提交"第八项陈述（Section VIII Statement）"。②

"第八项陈述"是指仿制药公司声明其申请上市的药品，是用于未被专利覆盖的用途，当仿制药企业提交了"第八项陈述"，他还需要同时提交药品的说明书，说明书中剔除了已获批上市的原研药品说明书中所记载的受到专利保护的用途。③提交这种声明后，FDA将核查仿制药说明书中记载的用途和专利权人登记于桔皮书中的用途是否存在重合等。④因此，"第八项陈述"主要用于原研药企业的化合物专利已经过期，但尚有一些已经获批的用途专利还在专利保护期内的情形。

什么是四种声明？仿制药企业提交ANDA申请前，需要先查询桔皮书中登记的相关专利，并根据其所提交的申请的情况向FDA做出以下四种声明：（1）他人没有提交过相关专利信息；（2）相关专利已经过期；（3）相关专利将过期，仿制药将在专利过期后上市销售；（4）相关专利无效或制造、使用、销售仿制药不会造成侵权。⑤

---

① 邱福恩.美国药品专利链接制度实践情况及其启示[J].知识产权，2018,(12):88. 转引自Henry Grabowski，Genia Long，Richard Mortimer & Ani Boyo，Updated Trends in US Brand-name and Generic Drug Competition，Journalof Medical Economics，2016.

② *Caraco Pharmaceutical Laboratories, Ltd. v. Novo Nordisk A/S*, 566 U.S. 399 (2012).

③ *Caraco Pharmaceutical Laboratories, Ltd. v. Novo Nordisk A/S*, 566 U.S. 399 (2012).

④ *Bayer Schering Pharma AG v. Lupin, Ltd.*，676 F. 3d 1316 1318 (Fed. Cir. 2012); 21 C.F.R. § 314.127(a)(7).

⑤ *Caraco Pharmaceutical Laboratories, Ltd. v. Novo Nordisk A/S*, 566 U.S. 399 (2012).

3. 诉讼期、审批中止期/等待期/停止期

如前所述，仿制药企业申请ANDA时，如果不提交"第八项陈述"，就需要提交四种声明中的一种。如果仿制药企业提交了第四种声明，仿制药申请人需在20日内通知专利权人，发起专利挑战，专利权人在接到通知后45天内，可以对仿制药申请人提起专利侵权诉讼。[①]

有数据显示，第四种声明的专利挑战成功率较高，对1992—2001年间的诉讼情况分析可知，专利挑战成功率超过84%，而2000—2009年的数据显示成功率高达76%。[②]此外，从专利类型来看，活性成分化合物专利难以挑战成功，非活性成分专利中，剂型和组合物的产品专利、化合物晶型、特定的盐以及药物使用方法等专利更容易挑战成功，容易被挑战。[③]数据显示，活性成分专利挑战中，原研药企业在55%的案件中获得胜诉，42%的案件以和解结案，仿制药企业在3%的案件中获得胜诉；而在非活性成分专利挑战中，针对使用方法专利进行挑战，原研药企业仅在19%的案件中获得胜诉，仿制药企业则在34%的案件中获得胜诉，47%的案件以和解结案；在剂型和组合物产品专利的挑战中，原研药企业仅在3%的案件中获得胜诉，仿制药企业在71%的案件中获得胜诉，另有26%的案件以和解结案。[④]

专利权人提起专利侵权诉讼后，FDA将暂停仿制药申请人的上市审查，等待侵权诉讼的判决结果出来后，再继续上市审查，如果自专利权人接到仿制药企业的通知起30个月后，仍未获得法院审判结果，FDA可以恢复仿制药的上市审查。[⑤]为了避免专利权人利用30个月的停止审查期阻碍仿制药上市，美国在MMA中规定，每种专利药品只能适用一次30个月停止期。[⑥]

关于中止期何时结束，2000年3月，FDA明确，在地区法院（District

① 李蓓.中美药品专利链接制度研究[J].科技与法律，2018, (1): 12.

② 邱福恩.美国药品专利链接制度实践情况及其启示[J].知识产权，2018,(12):90.

③ 邱福恩.美国药品专利链接制度实践情况及其启示[J].知识产权，2018, (12):90–91.

④ 邱福恩.美国药品专利链接制度实践情况及其启示[J].知识产权，2018, (12):91.

⑤ *Caraco Pharmaceutical Laboratories, Ltd. v. Novo Nordisk A/S,* 566 U.S. 399 (2012).

⑥ 李蓓.中美药品专利链接制度研究[J].科技与法律，2018, (1): 12.

court）做出专利无效或不侵权的判决后，FDA即可批准仿制药企业的ANDA申请，无须等待终审判决结果。①然而，一审不侵权的判决，有较大的概率会被二审法院推翻，这种情况下，如果仿制药企业已经获批上市并销售，仍然会面临侵犯原研药品专利权的风险。②

如果专利权人在规定期限内未提起诉讼，FDA将继续审查仿制药申请人的上市申请。

4.首仿药市场独占期

根据Hatch-Waxman法案，专利挑战成功的第一家仿制药企业，如通过上市审批，可以获得180天的市场独占期，在此期间内，FDA不会批准其他仿制药公司的上市申请。③

5.反向支付和解协议

Hatch-Waxman法案实施后，专利挑战相关诉讼中，有一大部分的诉讼最后通过和解结案，这类和解称为"反向支付和解"。"反向支付和解协议"可以使原研药企业和首仿药企业互利共赢，但是，却严重损害了消费者的利益。因此，MMA规定了双方在签署协议后，应在10天内通知美国联邦贸易委员会（Free Trade Commission，FTC）和司法部，接受反垄断调查。④

6.Bolar例外

美国专利法中规定："仅仅为满足调整药品，或兽用生物产品的生产、使用或销售的联邦法律对数据提交的规定而进行的相关行为，如在美国本土制造、使用、许诺销售或销售专利药品或将专利药品进口至美国本土，不是专利侵权行为。"⑤该制度源于1983年Roche公司诉Bolar公司专利侵权案，故该制

---

① 张浩然.竞争视野下中国药品专利链接制度的继受与调适[J].知识产权，2019，(4):57.

② 邱福恩.美国药品专利链接制度实践情况及其启示[J].知识产权，2018，(12):91.

③ 张浩然.竞争视野下中国药品专利链接制度的继受与调适[J].知识产权，2019，(4):57.

④ 李蓓.中美药品专利链接制度研究[J].科技与法律，2018，(1): 12；邱福恩.美国药品专利链接制度实践情况及其启示[J].知识产权，2018，(12):92.

⑤ 35 USC，Part III，Chapter 28，§ 271（e）（1）.

度又称为"Bolar例外"。[①]

美国是第一个设立药品专利链接制度的国家，该制度建立至今已三十余年，是非常成熟的制度，该制度不仅注重保护专利权人的合法权利，将对药品专利权的保护提前至仿制药申请上市之时，避免药品上市后，对专利权人造成较大的损失；同时，还有利于仿制药的提前审批、上市，提高药品的可及性。

（二）中国的专利链接制度

我国也曾建立药品的专利链接制度，我国的专利链接制度最早来自2002年的《药品注册管理办法（试行）》，并在2005年、2007年《药品注册管理办法》中进行了修订。2007年《药品注册管理办法》第十八条规定："申请人应当对其申请注册的药物或者使用的处方、工艺、用途等，提供申请人或者他人在中国的专利及其权属状态的说明；他人在中国存在专利的，申请人应当提交对他人的专利不构成侵权的声明。对申请人提交的说明或者声明，药品监督管理部门应当在行政机关网站予以公示。药品注册过程中发生专利权纠纷的，按照有关专利的法律法规解决。"第十九条规定："对他人已获得中国专利权的药品，申请人可以在该药品专利期届满前2年内提出注册申请。国家食品药品监督管理局[②]按照本办法予以审查，符合规定的，在专利期满后核发药品批准文号、《进口药品注册证》或者《医药产品注册证》。"由这些规定可以看出，我国的专利链接制度，是专利声明制度。

然而，虽然法律要求药品注册申请人进行专利登记、专利声明等，但对于专利信息，国家药品监督管理局并不进行实质审查，专利信息存在不全面、不准确的问题，且登记的专利信息也较少，同时，由于法律并无规定申请人的不侵权声明需要通知专利权人，专利声明制度也没法起到向专利权人提示，

[①] 李蓓.中美药品专利链接制度研究[J].科技与法律，2018, (1): 12–13.

[②] 2013年3月10日，国家食品药品监督管理总局组建。2018年3月，根据第十三届全国人民代表大会第一次会议批准的国务院机构改革方案，将国家食品药品监督管理总局的职责整合，组建中华人民共和国国家市场监督管理总局；不再保留国家食品药品监督管理总局。

保护专利的实质作用。实际上，我国的药品专利链接制度在实践中并没有发挥其真正的链接作用。

在安斯泰来制药株式会社与麦迪韦逊医疗公司、连云港润众制药有限公司、正大天晴药业集团股份有限公司侵害发明专利权纠纷案中，原告主张，被告申请注册涉案药品违反了《药品注册管理办法》第十八条关于申请人应当对其申请注册的药物或者使用的处方、工艺、用途等，提供他人在中国的专利及其权属状态的说明，以及对他人的专利不构成侵权的声明的规定，同时还违反了该法第十九条关于药品专利期满两年之前不得申请药品注册的规定。法院认为，根据《药品注册管理办法》第三、五、十八条规定，药品注册需国家药品监督管理局对拟上市药品的安全性、有效性、质量可控性等进行审查，以决定是否批准上市申请，药品注册申请人的行为是否违反了《药品注册管理办法》的规定，是行政管理的范畴，本案是专利侵权纠纷，因此，原告的主张不属于该案的审理范围。

此外，原告还指控被告申请注册涉案药品的行为构成专利侵权，因为被告具有在拿到生产批件后迅速将药品上市和销售的能力，也已为此进行了充分的准备；一旦获得生产批件，两被告有能力随时投入涉案药品的批量化生产和上市销售。对于原告的该项指控，法院判定被告的行为不构成专利侵权。首先，被告申请药品注册的行为不构成专利侵权；其次，被告只是获得了生产批件，现有证据无法证明被告在涉案专利保护期内，有可能在之后为生产经营目的制造、使用、销售、许诺销售涉案侵权产品。

在石药集团恩必普药业有限公司与丽珠集团利民制药厂侵害发明专利权纠纷再审案，最高院的结论也是如此。对于被告的仿制药注册申请行为，最高院认定并不构成侵权，因为注册行为并不是《专利法》第十一条第一款中规定的"专利实施行为"之一，构成侵权的行为必须是该款中所限定的制造、使用、销售、许诺销售、进口的行为。

该案中所引用的《专利法》第六十九条第五项是中国的"Bolar例外制度"，该制度反而成为仿制药企业申请注册的保障，避免了在注册申请阶段，仿制药企业制造、使用、进口专利产品的行为构成专利侵权。

2017年5月国家食品药品监督管理局发布《关于鼓励药品医疗器械创新保护创新者权益的相关政策（征求意见稿）》的公告，里面着重提出建立药品专利链接制度，如专利声明、专利挑战、批准等待期等。2017年10月，中共中央办公厅、国务院办公厅印发《关于深化审评审批制度改革鼓励药品医疗器械创新的意见》，其中提出"探索建立药品专利链接制度"，但与征求意见稿关于批准等待期的规定不同的是，该意见建议专利诉讼期间不停止药品的技术审评。

然而，在2020年1月，最新的现行有效的《药品注册管理办法》已然删除了之前的所有关于药品专利链接制度的规定。因此，虽然2002年开始，我国已经制定了药品的专利链接制度，但是，法律规定还不是很完善，该制度在我国实际上没有真正地发挥作用。今年的《药品注册管理办法》甚至完全删除了相关的规定，我国现在已经不存在专利链接制度的规定。那么，我国是否完全否定了药品专利链接制度？也不必然如此。

2020年1月15日，中美双方签署《中华人民共和国政府和美利坚合众国政府经济贸易协议》，该协议第三节对于中国药品专利链接制度的建立提出了要求。

综上所述，我国的药品专利链接制度经历了从建立到废除的过程，目前已经不存在该制度，但受中美经贸协议的约束，我国未来重新建立专利链接制度是不可避免的。

（三）欧盟、印度对于专利链接制度的态度

欧盟坚持其法律中并无药品专利链接制度的规定，欧盟认为，欧盟药品局（EMA）或成员国的药品管理局不能因为争议药品受专利保护而驳回仿制药品的上市申请，药品是否可以获批上市的依据是药品的质量、安全性和有效性这些和公共健康相关的标准，药品是否受专利保护并不是欧盟法律规定的批准上市条件，关于是否涉及药品专利侵权，应由法院进行判决确定。①

印度也没有规定药品专利链接制度，虽然在印度，药品审批部门可以要求申请人披露申请上市的药品的专利情况，但法律中没有明确披露的专利类型，也没有规定不披露的法律后果。②2009年8月的拜尔公司与西普拉公司的专利侵权诉讼案，印度最高法院最终在判决中否定了药品专利链接制度，该司法意见在全印度法院中获得确认。③

三、合规律师团队建议

（一）药品研发期间，做好FTO分析，预警专利侵权风险

一个新药最终成功上市，往往需要花费巨额的研发成本，药品上市后，如果被认定侵犯他人专利权，药企将面临巨额赔偿、不得继续销售等处罚，前期投入的巨大研发成本也将无法收回。因此，原研药企业在研发、生产前，做好识别、预防和规避药品专利侵权风险，极为重要。

FTO（Freedom to Operate），是指"专利侵权风险分析"，FTO分析是为了证明当前实施的技术是可以自由实施的，不会侵犯他人专利权。FTO分析可以贯穿药品研发的全过程，建议尽早进行FTO分析，以早期获知现有技术情况和可能存在侵权风险的技术信息，及时预警。在药品的技术特征确定后，可以继续进行更有针对性的FTO分析。

药企进行FTO分析不仅有利于规避专利侵权风险，而且在被认定侵权成立时，可以以"曾进行过FTO分析"避免恶意侵权的认定。

（二）专利布局和专利登记

知识产权的保护对于生物医药行业而言非常重要，在最早的产品研发期，就需要实施药品专利保护。专利的保护期是有限的，只有二十年，而且是从

---

① 梁志文.药品专利链接制度的移植与创制[J].政治与法律，2017, (8):108.

② 梁志文.药品专利链接制度的移植与创制[J].政治与法律，2017, (8):109.

③ 梁志文.药品专利链接制度的移植与创制[J].政治与法律，2017, (8):108.

专利申请日开始起算，等药品真正上市时，药品的专利保护期已经非常有限了。因此，药企需要针对研发药品进行全面的专利布局，以延长对药品的保护时间。

在建立了药品专利链接的国家，要按规定尽早布局。比如美国，根据桔皮书制度，在药品申请上市时，需要在桔皮书中登记该药品所关联的专利信息，如果企业没有进行专利登记，将无法根据专利链接制度阻挡仿制药上市申请。因此，药品生产企业在美国申请上市时，必须将药品相关的专利进行登记，保障自己的合法权益。原研药企需要重视用途专利的布局和登记，虽然用途专利对于药品专利而言不是核心专利，保护力度有限，但是如果药品的用途专利足够全面，仿制药企业申请上市的药品的用途将无法绕开新药用途，在申请仿制药上市时，就无法提出"第八项陈述"，而只能选择"第四种声明"，原研药企则可以提起专利侵权诉讼，阻挡仿制药企业的上市审批。

（三）监控药品上市申请，预防药品专利侵权

原研药企业需要定期登录药品已在该国上市的国家的药品审评网站，查询药品上市申请信息，及时了解申请上市的仿制药是否构成专利侵权，才能及时采取相应的措施维护自己的权益。在美国等建立了药品专利链接制度的国家，如果仿制药企业提交了"第四种声明"，仿制药企业需要在20天内通知原研药企业，原研药企业可以及时采取措施以应对仿制药企业的专利挑战；但是，如果仿制药企业提出"第八项陈述"，仿制药企业是没有向原研药企业通知的义务的，这就需要原研药企业对这类申请进行主动监控。在中国，虽然药品的上市申请行为并不被认定为专利侵权行为，在这种前提下，法院也不会就专利是否实际侵权（涉案产品是否落入专利保护范围）进行认定，但是，对药品上市申请进行监控至少可以早期掌握可疑侵权药品的信息，并有目的地追踪药企动向，在药企开始生产药品时，及时采取法律手段，避免损失的扩大。

（四）抢占首仿药，争取市场独占期或达成反向支付和解协议

在美国，首仿药可以获得180天的市场独占期，因此，抢占首仿药地位可以为仿制药企业带来明显的市场优势。在进行专利挑战诉讼时，如果双方达成反向支付和解协议，需要接受反垄断调查，因此，药企需要注意，签订和解协议前，确保不会违反反垄断法律规定。

第五章　医药出口合规

一、医药出口年度重大事件

新冠肺炎疫情的全球蔓延导致世界各国及地区对防疫物资，特别是口罩、防护服等的需求出现爆发式增长，国内越来越多相关生产企业正在扩大口罩生产线，并将其产品出口至急需防疫物资的地区。但是，可以看到，相当一部分企业是首次转型生产口罩的，对出口的合规风险和违规后果更是知之甚少，而这样的后果却正在逐步凸显出来。

2020年6月5日，美国食品药品监督管理局刑事调查办公室对中国广东某公司提出四项指控，分别是制造虚假标贴及不合格的N95口罩、谎称这些口罩符合相关标准后进口至美国市场，以及向美国食品药品监督管理局提交误导性文件，构成虚假陈述等。若指控成立，该公司可面临几百万美元的刑事罚金。

据西班牙媒体报道，西班牙多个大型医院的微生物实验室使用来自中国深圳某生物公司的新冠病毒检测试剂后，发现检测结果灵敏度远低于正常水平。

上述媒体报道事件最终定论暂无从得知，但我们确可从我国"海关发布"看到数起违法出口行为被拦截在国门，其中主要有："非医用"遮挡"医用"口罩贴牌；在申报一般货物中，夹藏医用口罩未申报；冒用其他公司医疗器械产品注册证书申报；内外包装上均未印生产日期与保质期等掺杂掺假、以假充真、以次充好、以不合格冒充合格等。

在全球齐心合力共同抗击新冠肺炎疫情期间，诸如此类的消息不断被披露，为相关防疫物资出口企业敲响了警钟，出口企业的贸易合规工作刻不容缓。

据中国海关统计，2020年上半年，我国出口医药材及药品769.1亿元人民币，比去年同期增长23.6%。其中，6月份出口151.6亿元，增长36.7%。由于中药在我国抗击新冠肺炎疫情中的出色表现，国际市场对中药材的需求也随之增长。持续增加的药品出口需求，也给相关监管部门带来了新的挑战。

二、医药出口核心问题评析

2020年以来，为保障出口药品、医疗器械质量，出口监管部门和药品、医疗器械主管部门，频繁发布了多项管理规定，为医药出口企业提供了动态可执行的指引，且合规调整对象逐渐扩大，从医用物资到非医用物资，合规内容也在不断细致化、完善化，以期应对不断扩大的出口需求和解决国内外防疫物资标准不一的矛盾。医药出口企业结合新旧管理规定，可以清晰地了解合规行为以及预期违规后果。

综合本年度海关发布的监管动态来看，对于在出口环节查获的霉变、残损、受污、超出保质期以及经实验室检测质量安全项目不合格的防疫物资、瞒报、伪报等行为，海关除依规定给予责令停止出口、没收违法所得、没收出口商品、罚款等行政处罚措施或移送司法机关追究刑事责任外，还可采取下调信用评级、提高查验比例、依法暂停或取消有关资格资质、曝光违法违规信息等多种惩戒措施。

新冠肺炎疫情期间出台多部医药出口核心监管规定。

《商务部、海关总署、国家药品监督管理局关于有序开展医疗物资出口的公告》（商务部、海关总署、国家药品监督管理局公告2020年第5号）规定，自4月1日起，出口新型冠状病毒检测试剂、医用口罩、医用防护服、呼吸机、红外体温计的企业向海关报关时，须提供书面或电子声明，承诺出口产品已取得我国医疗器械产品注册证书，符合进口国（地区）的质量标准要求。海关凭药品监督管理部门批准的医疗器械产品注册证书验放。

《国家药监局综合司关于做好疫情防控期间药品出口监督管理的通知》药监综药管〔2020〕31号，提出要严格规范药品出口证明管理、持续加强药品生产监管、严格落实各方责任，督促企业保证出口药品质量符合进口国要求，增强法律意识，严格履行合同约定，妥善应对各种风险。

《关于对"6307900010"等海关商品编号项下的医疗物资实施出口商品检验的公告》海关总署公告（2020年第53号）提出，为加强医疗物资出口质量监管，按照《中华人民共和国进出口商品检验法》及其实施条例，海关总署决定对"6307900010"等11个医用物资（医用口罩、医用防护服、呼吸机、红外体温计、医用手术帽、医用护目镜、医用手套、医用鞋套、病员监护仪、医用消毒巾、医用消毒剂），对应19个HS商品编号（部分商品因材质等其他原因对应多个商品编号）的医疗物资实施出口商品检验。

商务部、海关总署、国家市场监督管理总局公告《关于进一步加强防疫物资出口质量监管的公告》（2020年第12号）提出加强非医用口罩出口质量监管。自4月26日起，出口的非医用口罩应当符合中国质量标准或国外质量标准。进一步规范医疗物资出口秩序。产品取得国外标准认证或注册的新型冠状病毒检测试剂、医用口罩、医用防护服、呼吸机、红外体温计的出口企业，报关时须提交书面声明，承诺产品符合进口国（地区）质量标准和安全要求。海关凭商务部提供的取得国外标准认证或注册的生产企业清单（中国医药保健品进出口商会网站www.cccmhpie.org.cn动态更新）验放。

对于中药材的管理，《进出境中药材检疫监督管理办法》（2018第三次修正），详细规定了企业申请条件、出境检验检疫申报、需提交资料等，并对未报检或者未依法办理检疫审批手续或者未按检疫审批的规定执行或报检的中药材与实际不符等行为后果进行了规定。海关可根据"需查验"指令或"需查验送检"指令进行查验、检测。

对于新冠病毒检测试剂，根据《中华人民共和国国境卫生检疫法实施细则》（2019修订）及最新监管通知，新冠病毒检测试剂是特殊物品，属于海关严格检疫监管的对象，出口试剂前需要申请出入境特殊物品卫生检疫审批，并取得《入/出境特殊物品卫生检疫审批单》。但是，以疫情防控为目的，用于预防、治疗、诊断新冠肺炎的疫苗、血液制品、试剂等特殊物品，可凭省级药监部门出具的特别批准文件，免于办理出入境特殊物品卫生检疫审批。

三、合规律师团队建议

尽管上述公告和后续政策解读给出了一些指导，但实践中仍有许多问题尚待解决，比如各地海关执法尺度不一等问题。对此，我们建议广大医药出口企业，从如下角度把握出口合规工作。

（一）出口合规的原则性与具体性

任何企业要想保证对外市场的扩张与发展，首先要解决合规问题，这是决定企业生存与发展的原则性问题。医药出口企业，应从企业发展战略层面重视合规工作。

合规的具体性要求医药出口企业就合同内容全面、及时地与国外进口企业进行沟通，用书面可见形式将相关标准、权利义务固定下来。具体来说，合同中应明确产品的名称、性质、规格，明确进出口国对于产品的质量标准、认证要求（如欧盟CE认证，美国FDA认证），以及是否有指定的认证机构；若国内采购商与国外进口企业签署销售合同，则该采购商应在签署合同、明确供货时间前落实产品供应商，在合同中为上游供应商的各种变动留足空间，充分利用法定的不可抗力、情势变更和约定变更的灵活性；并根据国外进口企业的商誉和商业谈判情况，选择合适的成交方式和结算方式。

（二）出口合规的动态性

合规在任何时期都不是一成不变的，特别是全球疫情期间，医药合规将会是动态的调整，这势必要求医药出口企业持续动态地保持合规。

医药出口企业除关注相关部门已发布的监管措施外，还应时刻关注海关总署发布的合规通知和相关规定，比如海关总署更新发布的《部分国家（地区）防疫物资技术法规和标准要求》等，以进行合规的动态调整。

（三）出口合规的社会性

在我国医药行业的监管体系中，逐渐形成了多部门联合合规监管的局面和态势，对于正处于风口浪尖上的医药出口合规监管更是如此。

医药出口企业要严格遵守涉及出口合规的公告及政策要求，依规定提交材料，确保符合相关监管要求。对政策内容把握不确信的，应及时咨询相关政府部门及专家人士，切勿铤而走险、心存侥幸。如在产品生产、销售涉及知识产权环节，随着我国知识产权保护力度的加大，特别是知识产权海关申报制度的推广和实施，使专利保护期的仿制药品无法畅通无阻地通关。若确有出口该专利保护期仿制药的需求，建议在出口申报前，与专利权人进行谈判，取得许可。

（四）出口合规的长远性

医药出口相关企业应建立风险管控机制，注重对相关业务人员的合规意识培训和出口辅助机构资质及经验的审查。比如在出口申报环节，常见违规行为有未申报、申报不实、伪报等，且处罚随着出口企业主观过错、危害后果严重程度而依次加重。选择的报关企业在海关的信用分值，一般情况下直接决定着海关查验率的高低。企业应从合规的长远性着手，从内到外对企业合规风险进行合理评估与把控。

附：新颁布的法律法规

1.《中华人民共和国进出口商品检验法》（自2018年12月29日起施行）；

2.《中华人民共和国国境卫生检疫法实施细则》（自2019年03月02日起实施行）；

3.《中华人民共和国进出口商品检验法实施条例》（自2019年03月02日起

实施行）；

4.《中华人民共和国药品管理法实施条例》（自2019年03月02日起施行）；

5.《中华人民共和国知识产权海关保护条例》（自2018年3月19日施行）；

6.《国家药监局关于印发药品出口销售证明管理规定的通知》（自2018年11月9日起施行）；

7.《出入境特殊物品卫生检疫管理规定》（自2018年11月23日起施行）；

8.《中华人民共和国人类遗传资源管理条例》（自2019年7月1日起施行）；

9.《中华人民共和国药品管理法》（自2019年12月01日起施行）；

10.《商务部、海关总署、国家药品监督管理局关于有序开展医疗物资出口的公告》（自2020年4月1日起施行）；

11.《国家药监局综合司关于做好疫情防控期间药品出口监督管理的通知》（自2020年4月3日起施行）；

12.《关于对"6307900010"等海关商品编号项下的医疗物资实施出口商品检验的公告》（自2020年4月10日起施行）。

第二篇

传统医药流通企业合规

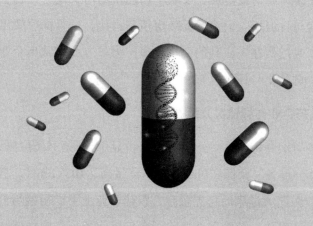

第六章　医药企业商标合规

一、医药企业商标年度重大事件

（一）医药类商标申请情况

2019年度国内商标注册申请量已达7977488件，较2018年增长7.51%，已多年稳居世界第一。其中，与药品行业关系最密切的"第5类医药用品"申请量达290827件。商标在医药产业日常经营活动中扮演着越来越重要的角色。这与2019年度我国医药产业发展整体向好相关。据不完全统计，2019年国内具备一定规模的药品企业平均申请商标达147.14件，其中无效商标21.1件，无效申请状态占比达14.34%。

药品企业商标申请量增加，反映了药品市场增长趋势，各企业对知识产权的重视程度与日俱增。但商标无效申请高占比，一方面反映出商标资源日趋匮乏，相同或近似在先权利的商标众多；另一方面反映出企业对知识产权重视仍不够，成本投入不足。

（二）医药企业商标情况分析

2019年各类别商标申请总量的统计分析显示，"第35类广告；商业经营；商业管理；办公事务"商标高居榜首，申请量高达1088106件，较2018年增长15.94%。随着医药大健康的跨界融合，医药产业上下游衔接与日俱增，健康产业链概念日渐强化。各医药企业除了在传统业务范围内加强知识产权保护外，更投身大健康产业；各药企不仅局限在"第5类医药用品"相关商品项目，更着眼于与下游产业链紧密相关的连锁药品批发零售、电子销售、医疗等商品服务项目，并随之投入到第35类、第44类等类别的抢注热潮中。

2019年"全国申请人"商标申请量排行榜（TOP100）显示，仅两家医药相关企业上榜，排名分别为29位、49位，其他医药企业均未上榜。这从侧面反映医药企业对知识产权认识不足，投入较低，缺乏动力。

二、核心问题评析

商标合规性应包含申请、使用等环节。药品商标应用首先应遵循普通商标合规要求。

（一）药品企业商标注册合规分析

就商标申请而言，应满足《商标法》及其实施条例等相关规定，规避"禁注条款"。随着《商标法》多次修订，现行法规下除了烟草行业产品必须使用注册商标外，其余都没有硬性要求，已经取消了药品必须使用注册商标的强制性规定，但药品企业为了提高其知名度、竞争力，促使消费者对本企业的产品产生偏爱、认牌购买，仍不遗余力地注册商标。

基于药品的特殊性，药品通用名称、药品商标名称易产生冲突，前述概念的混淆可能导致药品企业申请注册商标时遇到障碍。药品通用名称和药品商标名称的侧重点不同，其中药品通用名称主要针对专业人士及监管机构易于区分药品的种类、易于辨识及管理；药品商标名称则主要针对消费者，易于区分药品提供者的来源。

《最高人民法院关于审理商标授权确权行政案件若干问题的规定》第十条规定，通用名称包括法定的商品名称或者约定俗成的商品名称。根据《中华人民共和国药品管理法》的规定，药品通用名称是指列入国家药品标准的药品名称即法定名称。《商标法》第十一条规定，仅有本商品的通用名称、图形、型号的不得作为商标注册。国家知识产权局在对药品注册商标审查时，一般采取较严格标准，药品商标的文字与描述药品功能用途的语言读音相同，字形近似，可能引导消费、有害于用药安全的，一律驳回。

依据相关法律法规，可做出如下判断：第一，仅以通用名称申请注册商标的，应依据《商标法》第十一条驳回注册申请；第二，以药品的通用名称及其他部分组成申请注册商标的，如具有显著性，不会引起混淆的，可予以核准注册；第三，以不规范药品通用名称申请注册商标的，可能因"带有欺骗性，容易使公众对商品的质量等特点或者产地产生误认"，会导致驳回或无效。

2006年5月8日，广州白云山医药集团股份有限公司向国家工商行政管理总局商标局申请注册第5331058号"奇星华佗再造"商标（下称"争议商标"），并于2015年4月21日被核准注册，核定使用在第5类"人用药、医用药物"等商品上，该商标专用期限至2020年2月20日。2016年7月18日，华佗国药股份有限公司向国家工商行政管理总局商标评审委员会（下称"商标评审委员会"）提出无效宣告请求，其理由为：华佗国药股份有限公司的第9990656号"华佗再造"商标、第10862624号"井中华佗再造"商标均以"华佗再造丸"为药品通用名称，前述申请商标容易导致消费者产生误认造成不良影响而被驳回，故应统一审查标准，请求宣告争议商标无效。商标评审委员会经查明后认定：争议商标"奇星华佗再造"含有"华佗再造"，将其作为商标使用在人用药、医用营养品等商品上，容易使消费者对商品性质、功能产生误认，已构成"带有欺骗性，容易使公众对商品的质量等特点或者产地产生误认"情形，故裁定争议商标予以无效宣告。之后，虽经北京知识产权法院审理，仍维持商标评审委员会无效宣告的裁定。本案中即采用了上文中第三种判断。

（二）药品企业商标使用合规分析

就商标使用而言，药品一旦选择使用商标则只能是注册商标，未经注册不得在市场上销售。

药品企业取得注册商标后，首先应遵循普通商标权人应遵守的相关规则：第一，注册商标应严格按照《商标注册证》上核准注册的商标和核定使用的商品或服务使用。一旦超出核定使用范围使用，并标明注册标志的，是冒充注册商标的违法行为。

就商标使用规范而言，"核定使用的商品或服务使用"应做如下理解。

商标以发挥其"识别来源功能"为根本，不以识别商品来源为目的的使用商标，如"未在公开的商业领域使用""仅作为赠品使用"；或者将商标用于非商业的活动中，如"享有专用权的声明""仅有转让或许可行为而没有实际使用"；则均不构成商标法意义上的使用。若商标使用人无真实使用的主观意图，只是为了规避商标被撤销而进行少量使用，也无法使商标发挥识别商品来源的功能，也不应视为"商标的使用"。

第二，商标注册人不得自行改变注册商标的文字、图形或者其组合；不得自行改变注册商标的注册人名义、地址或者其他注册事项。

实践中，个别商标权人取得商标权后即"肆意妄为"。使用中出于突出其注册商标标识、美化产品包装等目的，改变注册商标的文字、图形或者其组合行为屡见不鲜。某药品流通企业在第35类药品批发零售服务项目上取得四个汉字横排组合商标权，如"abcd"。为提升企业形象，该企业委托某设计公司代为设计企业形象，在对该注册商标原图样美化设计时，设计公司将原注册商标"abcd"四汉字横排组合，更改为上"ab"下"cd"汉字组合，并放大"ab"字体，形成新的logo。之后该企业以新logo应用于该企业并大力推广宣传，但当其申请注册时，被国家知识产权驳回注册申请。主要原因是：新申请图样不同于原注册商标图样，突出显示了"ab"，以"ab"为基准查询在先权利较之"abcd"范围扩大，致引证商标大幅增多，最终驳回，给该企业造成了较大的损失。

第三，商标注册人应防止其注册商标成为通用名称。注册商标成为其核定使用的商品通用名称，任何单位或者个人可以向商标局申请撤销该注册商标。

第四，仅限商标权人自身和被许可人使用。

另外，药品生产企业对使用药品商标有着严格的限制。根据《药品说明书和标签管理规定》的规定，药品说明书和标签中禁止使用未经注册的商标。药品标签使用注册商标的，应当印刷在药品标签的边角，含文字的，其字体以单字面积计不得大于通用名称所用字体的四分之一。

（三）互联网+药品企业商标合规特殊要求

随着《国务院关于积极推进"互联网+"行动的指导意见》的发布，近几年互联网+新经济形态日新月异，互联网的创新成果深度融合于经济社会各领域之中。互联网+并非互联网与传统产业的简单叠加，而是利用信息通信技术以及互联网平台，让互联网与传统行业进行深度融合，创造新的发展生态，医药企业同样面临着新的挑战。

以药品传统产业链为例，商品流通贯穿生产企业、商业公司和零售终端。在互联网的当下，企业、品牌、产品等各环节必须打破信息壁垒，医药企业同样不例外，无论是商业推广还是销售协助，都必然受到互联网的影响。在互联网+新业态下，药品传统企业遇到了前所未有的新挑战。

零售终端互联网化使商标应用场景复杂化。各互联网电商平台，均对商标合规性持较高的标准。以国内某知名电商平台为例，其入住平台内经营者即使是"分销商"角色，仍要获得商标权人授权，商城类b2c电商平台更要求品牌独家授权，以规避商标侵权及同品牌竞争问题。这就要求零售终端与上游产业具备更加紧密的合作关系。同时，这也要求上游生产企业、商业公司具备互联网+思想，以适应新形势变化。

三、合规律师团队建议

（一）商标保护策略

药品是特殊商品，其特殊性主要表现在以下三个方面：质量重要性，药品主要的目的就是治病救人，只有符合法定质量标准的药品才允许上市流通，发挥功效；两面性，一方面药品可以防治疾病，另一方面如果管理不当可能造成药物滥用，对身体健康产生负面影响；专属性，药品应严格对症下药，不同于一般有可替代性商品，不具可替代性。

因此，药品商标保护应遵循药品作为特殊商品的特性。在符合法规的前提下，商标名称应易于识别，使消费者不易与市场同类产品产生混淆。同时，药品商标应当体现一定的专属性，可以使消费者更加准确地判断该药品及对症，不至混用、滥用药物。

另外，伴随大健康产业的发展及互联网+的催化，商标需求呈现泛周边化的趋势，"互联网"经济形态下商标生态建设逐渐被重视。各药品企业除了关注其传统核心类别外，对大健康相关类别也越发重视。对商标注册医药相关类别，大致总结如下。

药品医疗行业商标注册申请的核心类别为：第五类（各种药品等）、第十类（各种医疗器械等）、第三十类（保健食品等）、第三十五类（药品销售服务等）。

次要类别为：第三类（各种化妆品等）、第十六类（医药杂志等）、第十八类（拐杖等）、第二十类（医院用非金属身份鉴别手环等）、第二十四类（床上用品、寿衣等）、第二十九类（奶制品、食用蛋白等）、第三十二类（各种饮料）、第三十三类（药酒等）、第四十类（药材加工等）、第四十二类（药品研究、化学研究）、第四十四类（医疗服务等）。

外围类别为：第一类（医药制剂保存剂等）、第七类（制药机械等）、第八类（手术刀等）、第十一类（手术灯等）、第十二类（救护车等）、第二十五类（药物用衣等）、第三十七类（医疗器械维护、消毒服务等）、第三十九类（救护运输、轮椅出租等）、第四十一类（健身俱乐部等）、第四十二类（养老院等）。

除此之外，对第九类（计算机软件、智能穿戴设备等），第三十五类（为商品和服务的买卖双方提供在线市场等）也应重点关注。

（二）商标保护建议

传统医药企业前身一般为国有企业，受历史因素影响，往往不重视知识产权保护，在资金、人才、管理体系等方面投入较少。随着新兴业态市场的发展，医药企业裹挟其中，这就要求医药企业建立科学、严谨的商标管理体系及人才机制，以应对市场变化。

一方面，应加强知识产权人才的招纳、培养机制。医药产业本身作为特殊行业已经具备相当的专业性，叠加知识产权属性后，更突出其复杂性。医药领域知识产权从业人员应为复合型人才，应熟练掌握相关业务知识。现行教育体制下，未见高等教育机构设置相关专业，以直接培养出适用人才。这就对医药企业人才培养机制提出了更高的要求，要求医药企业投入资金培养兼具双重知识背景的专业人才作为己用。

另一方面，医药企业应设置专门知识产权机构，统筹规划商标应用。商标自申请注册到许可使用周期漫长，虽然国家知识产权局不断提质增效、推广完善网上申请等业务，一个商标注册申请至少也要经过10个月左右才能领取到商标注册证。注册申请一旦经历驳回复审或异议申请程序，其注册周期还要延长。以商标驳回复审程序为例，据国家知识产权局公示，商标驳回复审平均审理周期在6.5个月内。这就要求，医药企业具备较强的前瞻性、战略性，将业务发展与知识产权专业知识相结合，提前规划商标一体化、多元化等战略。知识产权机构应熟悉企业整体业务，将商标支持贯穿业务始终，参与自商标创意、检索、注册到许可使用整个全程，提出具体的、专业的意见。

第七章　医药企业市场营销合规

一、医药企业市场营销年度重大事件

（一）上市药企恒瑞医药被曝出行贿风波

网上公开数据显示，2014年6月至2019年9月期间，浙江某医院原麻醉科主任雷某某利用职务便利，在药品、医疗器械及耗材的引进和使用过程中，共收受回扣及好处费331万元归个人使用。这些回扣及好处费分别来自恒瑞医药的全资流通公司江苏新晨医药、杭州淮星贸易、杭州晶淮医学科技、西安力邦制药有限公司、杭州果果医疗器械等医药流通企业[①]。这类案件暴露的是药企行贿事件的频发，上市公司长生生物、步长制药、沃森生物、中恒集团等均曾卷入行贿案。

（二）三甲医院原院长落马，扬子江、济川药业等知名药企行贿遭曝光

网上公开数据显示，四川某人民医院原院长王某某，利用职务之便，2005年至2019年期间，在药品、器械采购方面，为他人谋取利益，先后收受财物241.72万元，被判处有期徒刑4年，并处罚金40万元。同时被追缴的还有违法所得62万元、涉案财物包括房屋及车辆，以及"未遂"的11.6万美元[②]。

（三）恒瑞等多家知名药企行贿事发，院长因受贿获刑

网上公开数据显示，淄博某中心医院原副院长李某利用职务便利为他人

---

① 浙江省丽水市莲都区人民法院（2020）浙1102刑初43号刑事判决书。
② 四川省仁寿县人民法院（2020）川1421刑初23号刑事判决书。

提供帮助，非法受贿34万元。因犯受贿罪、单位受贿罪，被判处有期徒刑三年十个月，并处罚金人民币二十万元①。

通过梳理法院判决书发现，2015年8月至2019年春节，李某在担任某中心医院副院长期间，利用其分管中心医院医疗设备、耗材采购等工作、负责双某分院全面工作的职务便利，在医疗设备、医用耗材销售方面，为淄博泽烨商贸有限公司、淄博瑞裕欣商贸有限公司、淄博德信医疗器械有限公司、淄博川淄经贸有限公司、济南科卓生物技术有限公司、淄博士弘商贸有限公司、济南信宏医疗设备有限公司、济南百利孚医疗科技发展有限公司、山东新华医院管理有限公司等多家医药公司和个人提供帮助。此外，李某还在管理系统软硬件销售、工程项目承揽、货款、工程款结算等方面为相关企业提供帮助。多次非法收受他人贿赂共计348000元。

判决书显示，李某在当普外科主任时，一般直接与医药代表谈药品销售的回扣比例，大多在12%到20%之间。

涉事企业包括：海南海灵化学制药有限公司、江苏奥赛康药业股份有限公司、淄博德信医疗器械有限公司、瑞阳制药有限公司、南京易亨制药有限公司、贵州益佰制药股份有限公司、山西华卫药业有限公司、江苏恒瑞医药股份有限公司、重庆药友制药有限公司、淄博普渡医疗器械销售有限公司等12家医药企业。

2019年5月20日，该中心医院副院长苗某某被立案调查。苗某某在任副院长之前长期担任该医院内科和心血管病区主任，7年内累计受贿共104.9万元。

药企行贿事件频发，很多医药流通企业卷入行贿案。在传统流通企业中，商业贿赂是最常见的，也是近年来受到社会各界和国家监管部门广泛关注的事件。非法佣金、现金、回扣、礼品卡、购物卡、礼品是最常见的行贿方式。还有不少案例通过给予礼品、好处费、低价/免费提供医疗器械、吃喝玩乐、提供旅游经费、发放讲课费、提供赞助的形式进行贿赂。受贿对象也从最初贿赂地方政府部门和医药管理部门的核心人员，逐渐过渡到将整个医院系统，

---

① 山东省淄博市淄川区人民法院（2020）鲁0302刑初2号刑事判决书。

从简单地贿赂核心人员，转变为贿赂终端医务人员。

（四）公对公的返利安排也可能构成商业贿赂

交易双方公对公的返利安排一般不会被视为商业贿赂。但在某些情况下，如处理不当，该等安排依然存在商业贿赂风险。例如，在上海好胜贸易有限公司（以下简称"上海好胜"）商业贿赂案中，上海好胜在销售酒类产品过程中与上海云迪娱乐有限公司（以下简称"上海云迪"）签订促销协议，约定向上海云迪销售600箱雅爵酒，上海好胜以现金形式，按每瓶人民币15元向上海云迪支付返利共计人民币34万元，该返利由上海云迪经理签收，先后交给财务人员和业务经理，业务经理根据销售情况发放给包括业务经理在内的12名销售业务员。执法机关认为，当事人的上述行为违反了《中华人民共和国反不当竞争法》第七条第（一）项第（一）款的规定，构成商业贿赂[①]。该案关注点在于，交易双方的协议中明确约定了返利安排，但实际执行中，该返利由交易对方的工作人员具体获益。执法机关认为，由于该返利由具体的销售人员直接受益，所以虽然合同系公对公签订，但本质上是向交易相对方的工作人员行贿。这种穿透式认定的执法思路值得企业关注。

二、医药企业市场营销核心问题评析

国家医保局委托的相关课题组提供的数据显示，医药企业涉案数量多，为重点监管和执法领域。在裁判文书上检索，中国医药工业百强企业（简称"百强企业"）中，超过一半的企业有涉案记录；涉案主体包括民营医院、医疗器械公司、药企、医药推广企业、第三方咨询公司等。

为什么在国家出台如此之多的法律法规政策后，仍有企业顶风作案，贿赂手段层出不穷？究其原因主要有二：一是巨大利益的驱动，商业贿赂背后的巨大利益链条，让这些企业顶风作案，忽视法律的权威，手段也是层出不穷；二是在以往的执法实践中普遍存在"重受贿轻行贿"的问题。

---

① 沪监管静处字（2019）第062018004224号。

（一）商业贿赂的实质和表现形式

商业贿赂是一种职权职务性利益交换行为，指经营者以排斥竞争对手为目的，为争取交易机会，暗中给予交易对方有关人员和能够影响交易的其他相关人员以财物或其他好处的不正当竞争行为，是贿赂的一种形式，但又不同于其他贿赂形式。针对商业贿赂，反不正当竞争法第七条规定，经营者不得采用财物或者其他手段贿赂下列单位或者个人，以谋取交易机会或者竞争优势：（1）交易相对方的工作人员；（2）受交易相对方委托办理相关事务的单位或者个人；（3）利用职权或者影响力影响交易的单位或者个人。

经营者在交易活动中，可以以明示方式向交易相对方支付折扣，或者向中间人支付佣金。经营者向交易相对方支付折扣、向中间人支付佣金的，应当如实入账。接受折扣、佣金的经营者也应当如实入账。经营者的工作人员进行贿赂的，应当认定为经营者的行为；但是，经营者有证据证明该工作人员的行为与为经营者谋取交易机会或者竞争优势无关的除外。

商业贿赂的表现形式有：给付或收受现金的贿赂行为；给付或收受各种各样的费用（促销费、赞助费、广告宣传费、劳务费等）、红包、礼金等贿赂行为；给付或收受有价证券（包括债券、股票等）；给付或收受实物（包括各种高档生活用品、奢侈消费品、工艺品、收藏品等，以及房屋、车辆等大宗商品）；以其他形态给付或收受（如减免债务、提供担保、免费娱乐、旅游、考察等财产性利益以及就学、荣誉、特殊待遇等非财产性利益）；给予或收受回扣；给予或收受佣金不如实入账，假借佣金之名进行商业贿赂。

据业内人士介绍，很多新药在四期临床过程中，实际已经大范围销售，而药企仍然会以科研费、服务费等名义给开药医生提成。曾有举报称，某外资药品在河南省人民医院进行四期临床时，"每拉到一个用药病人，医生提成500元"。这笔支出的名义是研究费，其开支列入临床实验的成本之中，较为隐蔽。另外，大量超出实际需要的出国"学术交流"、奢侈招待也是药企常用的方法。

（二）针对商业贿赂，当前的政策形式

反腐败斗争要求坚持"受贿行贿一起查"。国家机关将推动相关责任部门出台制度文件，从强化药品集中统一管理、完善处方点评制度、实行商业贿赂不良记录等多方面打出"组合拳"，坚决破除医疗领域腐败利益链。随着查处腐败工作不断推进，对行贿行为同样予以打击将成为一种常态。

可以说，现阶段政策是反腐斗争在刑事案件与保护民营企业发展间寻求平衡。从2018年11月，习近平总书记在民营企业座谈会上指出，保护企业家人身和财产安全。对一些民营企业历史上曾经有过的一些不规范行为，要以发展的眼光看问题，按照罪刑法定、疑罪从无的原则处理，让企业家卸下思想包袱，轻装前进。努力为民营企业发展提供方法与保障。牢固树立谦抑、审慎、善意、文明、规范执法办案理念，创新完善执法机制、方式，坚决防止因执法不当影响民营企业正常生产经营活动。严格区分民营企业经营者自然人犯罪与单位犯罪、合法财产与违法犯罪所得、民营企业正当融资与非法集资等界限，保护民营企业创新创业积极性。严格把握法律政策界限。准确认定经济纠纷和经济犯罪的性质，严格掌握入刑标准，完善检察机关法律监督和办案机关内部监督制约机制，坚决防止刑事执法介入经济纠纷，坚决防止把经济纠纷作为犯罪处理。

2020年7月31日全国法院产权和企业家权益司法保护工作推进会召开，公布近三年企业家无罪判决数据，强调对企业家慎用刑法，为企业家冤假错案平反，这是对企业家刑事司法保护的有力举措。在司法实践中，各级执法部门将会按照法律规定，严格掌握单位行贿行为的处罚标准，从严惩治行贿犯罪行为。同时在程序上，针对涉案单位适用调查措施将会更加慎重，在具体执法环节，逐步细化区分调查措施的适用对象和范围，依法处置涉案财产，对单位主管人员、直接责任人员审慎采取强制措施。

国家针对反腐败及保护民营企业发展所做的表述在思想上是一致的，二者相辅相成、互相促进。打击行贿、受贿行为的根本目的是要营造一个风清气正、合规有序的政商环境，良性运转、廉洁高效的政商互动关系又能反过

来促进民营企业的健康发展，有利于民营企业做大做强。

三、合规律师团队建议

作为药品流通企业，防范贿赂问题应当引起企业和高级管理人员的高度重视，完善刑事专项合规政策并建立防范体系，包括风险评估、内部培训；建立监控体系及应对体系；帮助企业做好应诉准备，审慎、客观搜集合规管理的有利证据，从犯罪构成与量刑从轻情节出发做好刑事辩护。具体到个案的量刑，法庭会视行为人行为的严重程度、后果、事发后的表现（如是否自首、是否认罪等）来进行综合判断。即使罪名成立，也可以通过案发后的表现来争取从轻或者减轻的处罚。

附：监管动态

2020年9月，最高人民法院、国家医保局签署《关于开展医药领域商业贿赂案件信息交流共享的合作备忘录》。主要内容是建立医药领域商业贿赂案件定期通报制度，积极拓展医药领域商业贿赂案件司法成果在医药价格和招采领域运用，共同推动全系统各层级开展信息交流共享，持续深化治理医药领域商业贿赂协同合作。

第八章 医药企业税务合规

一、医药企业税务年度重大事件

北京瑞安华咨询有限公司（以下简称"瑞安华公司"）此前一直是医药公司，曾用名先后为"国瑞华泰（北京）医药有限公司""国瑞华康（北京）医药有限公司""北京国门蓝盾医药有限公司"，于2012年工商注册，2013年增资，实收资本增加到560万元。

根据国家税务总局北京市税务局稽查局税务行政处罚事项告知书（京税稽罚告〔2019〕6000011号），瑞安华公司在2014年5月至2015年12月期间，取得由广东亿轩药业有限公司开具的890份增值税专用发票，涉及金额87173612.97元，税额14819515.27元，价税合计101993128.24元。上述890份增值税专用发票经广东省深圳市国家税务局①出具的"已证实虚开通知单"证实虚开。其中864份增值税专用发票，系瑞安华公司2015年至2016年让他人为自己开具与实际经营业务情况不符的增值税专用发票，并抵扣税款且结转当年商品销售成本。根据《中华人民共和国税收征收管理法》第六十三条规定，瑞安华公司让他人为自己开具与实际经营业务情况不符的增值税专用发票864份，并抵扣税款且结转当年商品销售成本，造成少缴税款的行为属于偷税，少缴税款共计3607万元，北京市税务局稽查局对瑞安华公司处少缴税款一倍的罚款，共计3607万元。

---

① 2018年6月15日，国家税务总局深圳市税务局正式挂牌，原深圳市国家税务局与原深圳市地方税务局正式合并。

二、医药企业税务合规核心问题评析

"两票制"的推行以及2019年财政部医药行业专项检查，使医药企业虚列成本、费用、进行账外销售隐匿收入等偷税行为与虚开增值税专用发票行为大面积曝光，企业面临更为严峻的行政与刑事风险。上述案例涉及的核心问题主要有以下两方面。

（一）医药行业发票常见问题

医药行业常见的发票合规问题包括未按规定开具发票、违规开具红字发票、以假发票入账、虚开发票、增值税专用发票未在规定期限内认证、丢失发票等。这些行为可能违反税款征收制度、发票管理制度、账簿管理制度、税务登记管理制度，除需依法补缴税款、滞纳金之外，还可能被处以行政处罚，达到一定严重程度将会被追究刑事责任。

（二）虚开发票的法律责任

虚开发票历来是各行各业发票违法的重灾区，牵涉企业众多、涉案金额巨大、对国家税收利益造成较大影响。"营改增"实施以来，增值税全面实行"以票控税"，发票监管较营业税更为严格，医药行业应加强防范。

虚开发票包括虚开增值税专用发票、虚开用于骗取出口退税、抵扣税额的其他发票、虚开普通发票。凡是为他人虚开、为自己虚开、让他人为自己虚开、介绍他人虚开与实际经营业务不符的发票均属于虚开发票行为。在"营改增"和"两票制"的严密监管下，尤其是"金税三期"具有强大的预警系统，虚开发票更容易被查出，一经发现，除面临行政责任以及联合惩戒外，纳税人还可能要承担刑事责任。

1.主要行政责任

（1）按照《发票管理办法》的规定处以50万元以下罚款；

（2）按照《税收征收管理法》的规定被定性偷税，限期追缴税款、滞纳金，并处以偷税金额5倍罚款；

（3）虚开增值税专用发票或者虚开用于骗取出口退税、抵扣税款的其他发票，或者虚开普通发票100份或者金额40万元以上的案件，符合重大税收违法案件标准，税务机关将向社会公布重大税收违法案件信息；

（4）案件信息一经录入重大税收违法案件公布信息系统，作为纳税人的纳税信用记录永久保存；

（5）被公布重大税收违法案件的企业，其纳税信用级别直接判为D级，适用相应的D级纳税人管理措施；

（6）税务机关将当事人信息提供给参与实施联合惩戒的相关部门，由相关部门依法对当事人采取联合惩戒和管理措施，其中包括限制担任企业法定代表人等职务、金融机构融资授信参考限制、禁止参加政府采购活动等。

2.主要刑事责任

虚开发票达到公安机关刑事案件立案追诉标准的，将被依法追究刑事责任。具体而言：当虚开增值税专用发票或者虚开用于骗取出口退税、抵扣税款的其他发票的税款数额在1万元以上或致使国家税款被骗数额在5千元以上的，将被立案追诉，可能被处以拘役、有期徒刑或无期徒刑，最高处50万罚金或者没收财产。虚开其他发票100份以上或者虚开金额累计在40万元以上的，将被立案追诉，可能被处以管制、拘役、7年以下有期徒刑，并处罚金。

三、合规律师团队建议

按照《两票制实施意见》的要求，食品药品监管部门会将违反"两票制"的企业及时通报所在省份药品集中采购机构；涉嫌犯罪的，依法移送公安机关；税务部门将加强对药品生产、流通企业和医疗机构的发票管理，依法加大对偷逃税行为的稽查力度。在此背景下，医药行业应注重把控交易各环节的税务合规风险，尤其要规范营销费用凭证制作及账务处理，同时应加强对GSP（Good Supply Practice）药品管理系统的使用和比对，以进一步防范涉税风险。

医药企业可以采取以下三种措施加强管控发票风险。

（一）提高企业税务信息化程度，建立并完善发票风险管理数据库

在"两票制"之下，医药企业可以根据自身特点和成本效益原则，将信息技术广泛应用于企业税务风险管理的各项工作之中，提高发票管理的信息化能力，有效提高发票管理的纳税遵从度。

第一，建立全税种的企业发票管理数据库，通过技术和设备的升级将所有发票信息录入数据库，并与企业的库存、财务等数据进行相互匹配验证，为企业决策层以及相关岗位人员提供全面的发票信息。

第二，建立上下游企业涉税信息数据库，对上下游企业的资信情况进行全面掌握，积极获取相关企业的发票数据，确保与上下游的交易真实有效，发票信息准确无误。

第三，对医药代表等员工报销申请材料上传报账平台系统审核和备查，根据对发票等相关报销材料的核查结果同步财务付款系统，有效拦截问题发票的付款。

第四，对于采购环节发票通过OCR等技术手段将纸质发票录入系统进行自动化验证。

第五，建立和完善医药企业发票核查管理制度，通过医药企业的办公系统流程等落实相关制度，使发票管理措施能够有效在企业内部各部门中得到有效实施。

总之，医药企业有必要建立一套覆盖整个业务流程的发票管理数字化系统，以实现发票风险信息的采集、分析、评估和反馈等环节的紧密衔接。

（二）加强与税务机关沟通，发票风险防范于未然

税务风险的一个重要来源，是企业内部各部门之间、上下级之间的沟通不畅，与税务机关信息不对称、沟通不及时。因此，建立有序高效的信息沟通机制才能降低企业发票涉税风险。

在加强与税务部门沟通方面，医药企业一方面可以把企业的发票信息等业务数据与税务局进行交换，避免因为信息不对称造成执法风险；另一方面，获得税务机关针对性、个性化的税收服务，识别潜在的发票涉税风险，持续完善企业的税务风险内控体系。

（三）发生纳税争议中后，企业要积极促进征纳合作争取以和解等方式解决相关争议

如果医药企业面临税务机关稽查或处罚的情况，一方面，医药企业要在税务律师等专业人士的指导下，积极利用行政法规赋予纳税人的程序性权利对相关事实和证据进行陈述和申辩，必要时依法申请进行听证，积极为自己进行辩解；另一方面，企业也要对税务机关调查和处理的事项进行自查自纠，如果认为确实有问题，要主动消除或者减轻违法行为的危害后果，争取得到税务机关的依法从轻或减轻处理。

另外，2019年5月，财政部下发《财政部关于开展2019年度医药行业会计信息质量检查工作的通知》（财监〔2019〕18号，以下简称"检查通知"），决定组织14个监管局和各省、自治区、直辖市财政厅（局）于2019年6月至7月开展医药行业会计信息质量检查工作，按照"双随机、一公开"的要求选取77户医药企业作为检查对象，重点关注费用、成本、收入的真实性等事项。此次检查力度空前，财政部在检查通知中要求，"为核实医药企业销售费用的真实性、合规性，各监管局、财政厅（局）应对医药销售环节开展'穿透式'监管，延伸检查关联方企业和相关销售、代理、广告、咨询等机构，必要时可延伸检查医疗机构"。"穿透式"检查的目标明确、有的放矢，医药产品在生产营销链条的成本、费用、利润细节将完全透明，税务合规风险亦将加倍放大，无所遁形。

在此次会计信息质量检查中首当其冲也是受关注最多的就是费用真实性的问题，因此作为医药企业也应该格外关注以下六点，具体包括：（1）销售费用列支是否有充分的依据，是否真实发生；（2）是否存在以咨询费、会议费、住宿费、交通费等各类发票套取大额现金的现象；（3）是否存在从同一家单位多频次、大量取得发票的现象，必要时应延伸检查发票开具单位；（4）会议费列支是否真实，发票内容与会议日程、参会人员、会议地点等要素是否相符；（5）是否存在医疗机构将会议费、办公费、设备购置费等转嫁医药企业的现象；（6）是否存在通过专家咨询费、研发费、宣传费等方式向医务人员支付回扣的现象。

附：新颁布的法律法规

1.《中华人民共和国企业所得税法》（自2018年12月29日起施行）；

2.《中华人民共和国企业所得税法实施条例》（自2019年4月23日起施行）；

3.《国务院办公厅关于推进医疗保障基金监管制度体系改革的指导意见》（国办发〔2020〕20号）；

4.《财政部关于开展2019年度医药行业会计信息质量检查工作的通知》（财监〔2019〕18号）。

第三篇

互联网医药企业合规

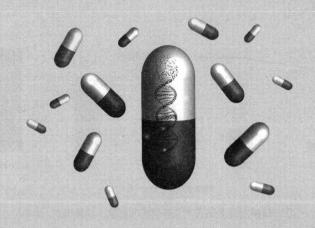

第九章 互联网医药电商法律、政策梳理

第一节 互联网医药电商发展近况（2015—2019年）

一、2015—2019年中国互联网医药电商市场发展概况

随着互联网+、医药分家、药品零加成、处方外流、医保控费、"4+7"带量采购、"两票制"推行等因素的深入影响，加之近年来的政策护航，作为强监管领域的中国医药电商市场持续保持高速增长的态势。

米内网数据显示：2015—2019年中国网上药店销售规模持续上涨，2019年达到1251亿元，超千亿大关，同比增长38.2%，增速虽然有所下滑，但前景依然较为乐观。[①]

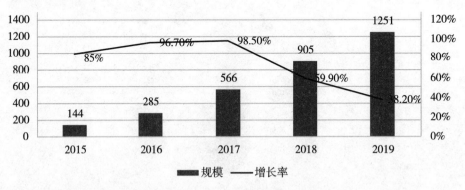

图9-1 2015-2019年中国网上药店（含药品和非药品）销售情况[②]（单位：亿元，%）

---

① 引自：前瞻产业研究院《2020-2025年中国医药流通行业商业模式与投资机会分析报告》。
② 数据来源：米内网，由作者整理。

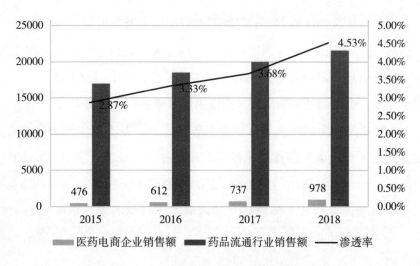

图9-2　2015—2018年医药电商销售额及渗透率[1]

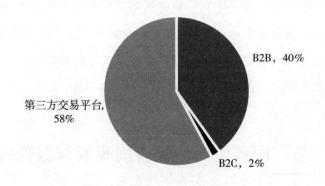

图9-3　2018年医药电商直报企业结构[2]（单位：%）

二、中国互联网医药电商销售商业模式

当前我国互联网医药电商销售的商业模式主要包括：B2B模式（商家对商家进行交易）、B2C模式（商家对个人进行交易）、第三方平台等。

---

① 数据来源：中国商务部市场秩序司，由作者整理。

② 数据来源：商务部《药品流通行业运行统计分析报告》，由作者整理。

此次疫情使医药O2O（线上对线下进行交易）蓬勃发展。"阿里健康、京东大药房、叮当快药等互联网医药电商，均迎来了大幅上涨的流量和成交额。线下实体药店也积极利用各类O2O平台如饿了么、美团，或自建平台（APP、微信小程序、企业商城）为新老客户提供药事服务，收益喜人。"[①]

O2O模式是单向的将流量从线上引导到线下，并不能实现平台的效益最大化。创新工场董事长兼首席执行官李开复曾在公开场合表示："O2O时代，互联网对实体经济渗透率超过20%。而OMO模式（Online-Merge-Offline，一种行业平台型商业模式）能够将互联网对实体行业的渗透率提升至100%。未来，线下服务将拥有线上的便利，线上服务也将拥有线下级别的体验和服务。"

在业内人士看来，线上线下的融合需要医药电商和药店的共同努力。医药电商不应仅仅停留在卖药上，应该将更多的服务融进去，如在线问诊、健康管理等，而药店作为流量入口，是支付、保险和大健康服务的良好承载点，应当以更好服务患者为出发点，不断推动线上线下的融合发展，这样才能真正实现线上和线下的融合。[②]

第二节 医药电商行业合规政策与监管机构

一、医药电商行业合规政策

医药电商行业作为强监管领域，其行业发展方向等与政策导向有密切关联。以下是作者梳理的从1999年至今围绕"医药电商"的法律法规与政策。

---

① 中国药店：《对标未来，O2O还是OMO？》，载于亿欧大健康，https://www.iyiou.com/p/131650.html。访问时间：2020年8月30日。
② 中国药店：《对标未来，O2O还是OMO？》，载于亿欧大健康，https://www.iyiou.com/p/131650.html。访问时间：2020年8月30日。

表9-1　规范医药电商的政策与法律法规

规制对象	现行有效的政策或法律法规名称	发布时间	备注
互联网药品交易	国家食品药品监督管理局关于印发《互联网药品交易审批暂行规定》的通知	2005年9月20日	
	国家食品药品监督管理局关于贯彻执行《互联网药品交易审批暂行规定》有关问题的通知	2005年10月25日	2014年《互联网食品药品经营监督管理办法（征求意见稿）》中明确废止《互联网药品交易审批暂行规定》。但是，该征求意见为草案，尚未通过，因此，该《暂行规定》仍然有效，如果草案通过，则《暂行规定》废止。《规定》明确，一方面只允许非处方药进行网上交易，另一方面，只能是连锁药店企业、药品生产厂家、药品流通企业才具备开设网上药店的资格。同时《规定》提到，从事互联网药品交易服务的企业要申请国家食品药品监督管理局颁发的互联网药品交易服务资格证书。
	国家食品药品监督管理局关于加强互联网药品信息服务和互联网药品交易服务监督管理工作的通知	2006年8月22日	
	国家食品药品监督管理总局关于加强互联网药品销售管理的通知	2013年10月29日	
	国家食品药品监督管理总局关于试点开展互联网第三方平台药品网上零售有关工作的批复	2013年11月12日	
	国家食品药品监督管理总局关于《互联网食品药品经营监督管理办法（征求意见稿）》公开征求意见的通知	2014年5月28日	草案，尚未正式通过
	《国务院关于大力发展电子商务加快培育经济新动力的意见》	2015年5月	制定完善互联网食品药品经营监督管理办法，加强互联网食品药品市场监督体系建设，推动医药电子商务发展。
	《互联网第三方平台药品网上零售试点工作结束》	2016年7月21日	第三方平台药品网售全面停止
	《全国药品流通行业发展规划纲要（2016—2020）》	2016年12月	到2020年，要形成统一开放、竞争有序、网络布局优化的现代药品流通体系，支持药品流通企业与医疗机构、医保部门、电子商务企业合作开展医药电商服务，促进线上线下融合发展。

规制对象	现行有效的政策或法律法规名称	发布时间	备注
互联网药品交易	《国务院关于取消一批行政许可事项的决定》国发〔2017〕46号	2017年9月29日	国务院公布取消互联网药品交易服务企业（第三方）医药电商A证、互联网药品交易资格审批B证、C证的审批。
	食品药品监督管理总局办公厅关于加强互联网药品医疗器械交易监管工作的通知	2017年11月1日	
	食品药品监督管理总局发布《公开征求〈药品网络销售监督管理办法〉（征求意见稿）意见的通知》	2018年2月9日	
	国务院办公厅正式发布《关于促进"互联网+医疗健康"发展的意见》	2018年4月28日	意见指出要"促进药品网络销售和医疗物流配送等规范发展"
	《中华人民共和国电子商务法》	2018年8月31日	医药电商也在规制之列
	《中华人民共和国药品管理法实施条例》（2019年修订）	2019年3月2日	
	《中华人民共和国药品管理法》（2019年修订）	2019年8月26日	"药品上市许可持有人、药品经营企业不得通过药品网络销售第三方平台直接销售处方药"的规定被删除。网售药品市场风口到来。问题：随着新《药品管理法》的颁布与实施，其他以此为立法依据的法律法规需要对比新法，核对是否需要更新。
	《国家医保局关于完善"互联网+"医疗服务价格和医保支付政策的指导意见》	2019年9月	"互联网+"医疗服务价格，纳入先行医疗服务价格的政策体系统一管理，符合条件的"互联网+"医疗服务，按照线上线下公平的原则配套医保支付政策，开放多元的医疗服务价格新机制。
	《促进健康产业高质量发展行动纲要（2019—2022年）》	2019年9月	到2022年，基本形成内涵丰富、结构合理的健康产业体系，优质医疗健康自愿覆盖范围进一步扩大，健康产业融合度和协同性进一步增强，健康产业科技竞争力进一步提升，人才数量和质量达到更高水平，形成若干有较强影响力的健康产业集群，为健康产业成为重要的国民经济支柱性产业奠定坚实基础。
	《市场准入负面清单（2019年版）》	2019年11月	明确规定"药品生产、经营企业不得违反规定采用邮寄、互联网交易等方式直接向公众销售处方药"。

规制对象	现行有效的政策或法律法规名称	发布时间	备注
互联网药品交易	北京"跨境医药电商试点"政策正式获得国家药监局批复，同意在京开展试点工作	2019 年 12 月 30 日	
	《零售药店医疗保障定点管理暂行办法（征求意见稿）》	2020 年 2 月 12 日	互联网药店、有药品网络销售业务或通过药品网络交易第三方平台开展药品网络销售的零售药店，依托其实体药店申请定点。
	《关于推进新冠肺炎疫情防控期间开展"互联网+"医保服务的指导意见》	2020 年 3 月 3 日	参保人员凭定点医疗结构在线开具的处方，可以在本医疗机构或定点零售药房配药，并鼓励创新配送方式，减少人群聚集和交叉感染风险。
	《国家卫生健康委办公厅关于进一步推动互联网医疗服务发展和规范管理的通知》	2020 年 5 月 8 日	推动互联网诊疗、互联网医院、远程医疗服务以及预约诊疗等互联网医疗服务快速健康发展。进一步推动互联网技术与医疗服务融合发展，发挥互联网医疗服务的积极作用。
互联网药品信息服务	国家药品监督管理局关于互联网药品信息服务管理有关情况说明的通知	2001 年 3 月 28 日	
	国家药品监督管理委员会关于加强互联网药品信息服务管理工作的通知	2001 年 9 月 27 日	
	互联网药品信息服务管理办法	2004 年 7 月 8 日	
	国家食品药品监督管理局关于贯彻执行《互联网药品信息服务管理办法》有关问题的通知	2004 年 7 月 12 日	
	国家食品药品监督管理局关于加强互联网药品信息服务和互联网药品交易服务监督管理工作的通知	2006 年 8 月 22 日	
	国家食品药品监督管理局关于事业单位申请《互联网药品信息服务资格证》有关问题的批复	2010 年 4 月 16 日	
	互联网药品信息服务管理办法（2017 年修正）	2017 年 11 月 17 日	

二、医药电商行业监管机构

当前，国家市场监督管理总局及其管理的国家药品监督管理局承担对医药电商行业的监督管理职能。该机构经过多次改革。

2003年，第十届全国人民代表大会第一次会议通过《关于国务院机构改革方案的决定》，批准《国务院机构改革方案》，国务院直属机构国家食品药品监督管理局挂牌成立。

2008年，第十一届全国人民代表大会第一次会议通过《关于国务院机构改革方案的决定》，批准《国务院机构改革方案》，国家食品药品监督管理局改由卫生部管理。

2013年，第十二届全国人民代表大会第一次会议通过《关于国务院机构改革方案的决定》，批准《国务院机构改革方案》，国家食品药品监督管理局和国务院食品安全委员会办公室合并为新设立的国家食品药品监督管理总局。

2018年，第十三届全国人民代表大会第一次会议通过《关于国务院机构改革方案的决定》，批准《国务院机构改革方案》，国家市场监督管理总局整合包括国家食品药品监督管理总局在内的机构职责，同时不再保留国家食品药品监督管理总局。

互联网药品信息服务和互联网药品交易服务是医药电子商务的不同维度，对其主体进行监管的部门也不尽相同：互联网药品信息服务由各级市场监督管理局中的食药监局以及工信部共同监管；互联网药品交易服务则由各级市场监督管理局中的食药监局单独监管。

第三节　法律法规与政策面特点及趋势

从医药电商行业的特殊性、发展历程，以及相关法律法规与政策出台的时间来看，医药电商对政策依赖性较大。

从表9-1中可以看出其政策历程表现出如下两个特点。

（一）审慎包容性

从近20年医药电商的发展历程来看，政策面对医药电商采取"审慎包容"的态度：1999年国家禁止网售处方药和非处方药；2005年只允许非处方药的网上交易；2014年开始，《互联网食品药品经营监督管理办法（征求意见稿）》《全国药品流通行业发展规划（2016—2020年）》《药品网络销售监督管理办法（征求意见稿）》《关于促进"互联网+医疗健康"发展的意见》等法律法规和政策的出台，开启"行政减负、放开搞活"的趋势。

2015年国务院发文进一步推动医药电子商务的发展。

然而，在2016年8月1日起国家食品药品监督管理总局收回了互联网第三方平台药品网上零售试点工作的权利[1]，这给医药电商市场蒙上了一层不确定的迷雾。

2017年1月，国务院宣布取消互联网药品交易B证、C证审批。同年9月29日，国务院公布了新一批取消行政许可的事项，其中就包括备受关注的互联网药品交易服务企业（第三方）（简称医药电商A证）审批。医药电商圈为之一振，引得资本们群雄逐鹿。

综上，医药电商政策几经变换，从禁止到包容开放，从审批制走向备案制，但都始终围绕"合规性"有序展开。

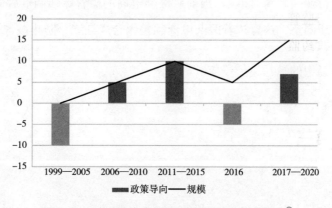

图9-4　医药电商发展规模与政策导向之间的关系[2]

---

① 参考：2016年《互联网第三方平台药品网上零售试点工作结束》。

② 由作者整理制作。

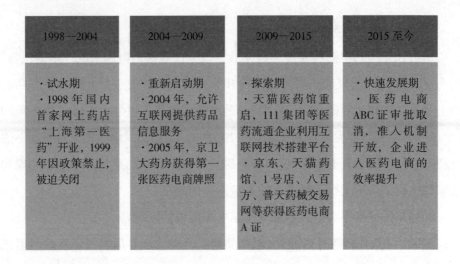

图9-5　医药电商发展历程①

（二）当下政策的利好性

互联网为医药电商发展提供了技术支持，当下政策发展趋势为医药电商发展营造了良好的政策环境，医药电商发展引来新一轮政策春风。

但医药电商行业的长期良性发展与严格合法合规经营是一个硬币的两面，只有严格合法合规经营才能保证医药电商良性发展的长期性与可持续性，防止医药电商行业"积重难返"。当前对医药电商的监管更强调事后监管，行业监管也在不断调整，这意味着医药电商须警惕合规红线，防止被"一刀切"。

---

① 资料来源：艾媒报告《2019全球与中国医药电商市场发展趋势研究报告》

第十章　互联网医药电商的商业模式及其发展前景

　　医药电商是指采用数字化电子方式进行医药相关的商务数据交换和开展商务业务的活动，主要指使用网络提供的通信手段在网上进行交易，包括通过互联网进行医药相关产品的买卖和提供信息咨询服务等，为消费者提供安全、可靠、开放而且相对比较容易维护的医药网上交易服务平台。目前，我国的医药电子商务资源网站已涉及医疗器械、制药机械、分析仪器、医用耗材和药品等方面的交易。

　　"互联网+"早已颠覆人们的传统生活，也正在重构所有商业形态，而医药行业作为关系国计民生的重要基础行业，在"互联网+"大背景下，于互联网商业领域占据举足轻重的地位。随着"互联网+"的政策、技术、平台、服务的不断发展，"互联网+"的模式不断创新，医药行业在此浪潮中得到难得的发展机遇，其传统的商业模式面临着颠覆和重塑。医药电商对于传统药企来说，不仅是简单的医药渠道的改变，更是新商业模式的革命性突破，这种突破要求其极大重视网络电商平台的建设，不仅如此，还要重视企业的经营生态转变，建立在患者多元医疗医药需求的基础上，构筑起相匹配的业务体系，推进医药电商大踏步发展。

　　医药电商是我国国民经济的重要组成部分，是传统产业和互联网经济相结合，生产业、加工业和销售服务业融合的产业。近年来，随着互联网的蓬勃发展，较为保守的医药电商发展速度迅猛：2015—2018年我国医药电商直报企业销售总额从476亿元发展到978亿元，年均增长超过25%，2019年医药电商销售总额更是达到1235亿元。在"互联网+"时代，面对当下数字媒体和营销环境所产生的诸多变革，中国医药行业加快重构营销认知的速度，令品牌拥有与消费者互动、沟通的新能力，一些具有改革思维的医药零售连锁企业、医药批发企业和医药工业企业已率先进行"互联网+"时代下的药企转型，这终将直接影响和推动传统药企的产业升级与重构，为身处转型期的中国医药行业提供了更多破局的可能。未来，我国网售处方药亦有望解禁，将给我国医药电商带来更大增长动力，行业整体发展向好。

一、"互联网+药品流通"的传统模式

医药电商并不是近些年的新生事物，我国医药电商从发展至今已逾20年，最早可追溯至1996年。20世纪90年代，医药企业便已开始通过互联网对药品进行广告宣传，随后医药信息网纷纷出现——通过网络进行医药信息的收集、产品宣传及医药产品服用指导等一些基本服务，这些形式属于医药电商的初级阶段。

1998年，随着信息管理软件的升级，医药电商得到进一步发展，很多医药网已不满足于单纯的信息收集与发布，而是利用信息管理软件提供相关信息检索、分析、深层数据挖掘、市场研究和预测、战略制定等一系列专业化信息服务，帮助医药企业优化流程、规范管理、提高管理能力。

一年后，医药电商进一步发展。政府介入医药电商领域，创建了集中采购招标网、制定了相应制度，产生了政府与企业间的电子政务模式，该模式由政府建立网上交易平台，为医疗机构与药企实现网上交易起到促进作用，既降低了成本，又利于政府监管。该模式引起广泛关注，并在原基础上不断地发展和创新。再后来，非政府机构以第三方身份代理招标服务，建立集中招标采购平台，促成医药上下游企业进行在线交易。由于非政府机构的大量介入，国家出台了《互联网药品交易审批暂行规定》，对申请建立网上平台的企业进行严格的审核，以加强对电子商务的管理。

2005年，随着我国对网上药品交易的逐步放开，以企业通过互联网直接向消费者出售OTC药的"网上药店"不断涌现。网上药店的队伍越来越壮大，相互之间的竞争也日益激烈，为占据更大的市场份额、增加竞争力，很多网上药店已不局限于单纯地卖药，而是丰富了其服务内容，譬如提供更多免费信息资讯、专家在线咨询等业务，增加消费者的满意度和黏性。

从医药电商发展历程来看，电子政务信息服务模式，企业之间、机构和消费者之间的商品交易模式发展较为快速和成熟，分别形成了基于"电子政务"模式的药品网上集中招标采购模式、基于"企业间"模式的第三方医药电子商务平台模式、基于"企业间"模式的非平台型综合医药商务和基于"机构和消费者"模式的网上药店，且整体功能性也从原先的单一性向综合化发展。

纵观我国医药电子商务发展历程，其发展较为迅速，但快速发展也带来了诸如技术不成熟、参与方观念陈旧、相关政策无法适应新模式发展等问题，均需不断改进与完善。

二、"互联网+药企+医药产品+医疗服务"等智慧医疗服务新模式

2015年，政府工作报告提出"互联网+"行动计划，"互联网+传统行业"更加受到广泛关注。随着"互联网+"的深入，除医院、医生及药店外，药企进行药品营销被赋予更加多元化的渠道。2017年初，国务院发布《关于进一步改革完善药品生产流通使用政策的若干意见》，要求引导"互联网+药品流通"规范发展，支持药品流通企业与互联网企业加强合作，从而使线上线下协同发展，培育新兴业态。此前发布的《关于积极推进"互联网+"行动的指导意见》和《关于印发"互联网+人社"2020行动计划的通知》等文，也进一步促进了"互联网+药企"模式的发展。

国家大计，民生为重。医疗问题一直是一根敏感的社会神经，看病难、看病贵从某种层面来讲，在一定程度上成为社会不和谐音符之一，百姓就医话

题，一有风吹草动，便会成为风口浪尖的焦点话题。如今，看病难、看病贵的难题正在逐步解决，大量药企参与互联网医院建设，"互联网+医药产品+医疗服务"的新服务模式或是解决这一难题的有效方法之一。互联网医院不是医院互联网化这么简单，它关乎社会、关乎经济、关乎每一个健康与性命。看病费用之中，药品费用占据较大比例，药企参与互联网医院建设，参与"互联网+药学服务"，既可规范药品推广，减少就诊费用不合理的局面，也可将药企业务范围拓展至患者疾病及健康促进全周期，最终解决患者看病贵的难题。

由于互联网医疗近几年的繁盛，再加上药企也面临越来越大的生存压力，所以药企越来越重视参与互联网医疗。各大药企纷纷重视互联网医疗，其关键就在于，受"带量采购"和"医保谈判"的影响，医保体制内的药品盈利空间逐步萎缩。药品价格在医院内的市场被要求"零加成"；对于实行带量采购的药品，各地医保局也逐步推动政策，控制其在零售药店的销售价格。除此之外，近期出台的《国家医保局财政部关于国家组织药品集中采购工作中医保资金结余留用的指导意见》，该文件提到了"结余留用"，结余留用的意义在于，带量采购降价后的药品费用与医保支付预算之间的差额，将作为奖励按比例返还给公立医疗机构。通过集采的药品品牌，其价格自然会显著低于未通过集采的其他品牌，因此院方如果更多地使用集采药品，相应的药品开支就会减少，也就能节约更多的预算，从而获取更多的医保资金支持。

药品"加成"取消后，医院缺失了这部分收入来源，医保局推出结余留用政策，目的在于用政策激励医院更多地使用带量采购药品，减少医药营销中的灰色地带。这部分收入对于目前缺乏收入来源的医院来说，还是比较有吸引力的。事实上，"总额管理，结余留用"模式，早已广泛地应用到各地区的医保基金管理中。如果这一政策最终得以推出，势必会提高集采地区使用集采药品的积极性。

多项政策导致未能通过集采的药品销售空间越来越小。而新兴起的互联网医疗+医药电商的全流程线上慢病管理闭环，由于还未大范围接入医保，可能会成为各大药企在仿制药和专利过期产品上的最后一片主战场。医院内和零售药店的药品销售利润都已经被严格控制，药企能够继续保持自己节奏进行销售推广的渠道，几乎只剩下了互联网医疗。

传统诊疗模式，药企对医院和药店的需求主要集中在三方面：一是药品销售，主要通过医院的药房和零售药店；二是药品推广，主要依靠当地的医药代表与医生之间的线下沟通实现；三是数据采集，主要通过与医院合作，获取相关的患者随访数据。药品销售、药品推广和诊疗数据，是药企需要实现的三个核心需求。只要互联网医疗能够满足药企在这三方面的基本需求，就有机会作为独立的业务单元与药企之间产生合作。互联网医疗以互联网医院为核心连接患者和医生，进而向下游的药品销售终端进行导流。线上药房可以满足药企在药品销售上的需求；互联网医院合作的大量医生群体，可以帮助药企承接药品推广方面的相关需求；在互联网医疗平台上进行的诊疗服务则会被整理记录，最终可以输出给药企。因此，互联网医疗的整个流程，完全可以满足药企在药品上的各方面需求，甚至在收据采集和沟通的效率上，可能还要优于医疗机构。此外，互联网医疗企业则可以通过与药企的合作拓宽自己的赢利能力。消费者对于互联网医疗企业的付费意愿目前并没有特别强烈，因此高付费意愿的机构已经逐渐成为互联网医疗产业的主要付费方。

网上购药从体量上与公立医疗机构和实体药店之间还存在比较大的差距。网上药店作为药品销售终端，其市场规模还有非常大的上升空间。

不仅如此，2018年4月，国务院办公厅发布《关于促进"互联网+医疗健康"发展的意见》，提出全面发展和完善"互联网+医疗服务""互联网+公共卫生服务""互联网+家庭医生签约服务""互联网+药品供应保障服务""互联网+医疗保障结算服务""互联网+医学教育和科普服务""互联网+人工智能应用服务"等7项医疗健康服务体系，为"互联网+"智慧医疗服务的新模式勾勒出一幅蓝图。2018年7月，国家卫健委、国家中医药管理局联合发布配套文件《关于深入开展"互联网+医疗健康"便民惠民活动的通知》，要求在全行业开展"互联网+医疗健康"便民惠民活动，上述政策必将进一步推动"互联网+医药产品+医疗服务等智慧医疗服务"新服务模式创新，有效改善看病难问题，提升百姓就医体验。

三、医保支付范围虽尚未完全涵盖医药电商，但有逐步实现之趋势

目前，医保支付范围尚未完全涵盖医药电商，而消费者在线下医疗机构购药可以使用医保支付，因此，自费的互联网医疗服务和线上购药很难对消费者产生足够的吸引力。与保险进行对接，才是医药电商和互联网医疗的最佳选择，主要支付方为：医保和商保。

从商保角度来说，健康保险与健康管理的融合已为大势所趋。从保险角度看，借助高频的健康管理服务，可以改善用户健康状况，也可减少带病人群的并发症风险，实现成本可控，降低出险率。商保并没有特定的目录，医保不报销的药品，都有机会成为商业保险的合作对象。而互联网医疗平台，也刚好充当了药企和保险之间的桥梁。

疫情期间，因疫情防控需要，国家医保局、国家卫健委联合发文，将符合条件的"互联网+"医疗服务费用纳入医保支付范围。部分地区，如疫情最紧张的武汉，也在互联网医疗平台上上线了国家医保电子凭证，实现"不出门、不拿卡"即可享受线上复诊购药、医保结算的便捷服务。

虽然疫情期间互联网医疗在接入医保的路上突破了一步，但是这样的形势是否会在疫情后延续，暂时还要画一个问号。对于未来网上购药是否纳入医保对药企与互联网医疗之间合作的影响，我们可以从正反两方面来分析。

如果网上购药未来始终不纳入医保，那么对于药企来说，网上药店将成为未能中标集采药品的关键销售途径。由于没有医保在价格上施压，大多数药品在电商平台将以零售价格销售，也就意味着药企有机会通过电商平台继续销售药品产生利润。

如果网上购药被纳入医保，患者使用线上平台进行问诊和购药的积极性会显著上升，势必会刺激互联网医疗需求大幅增长，成为医保体制内新的主要销售终端之一，其在药企营销布局中的重要性也会同样上升。

第十一章　互联网医药电商面临的合规挑战

从互联网医药电商涉及的主体来看，其面临的合规挑战主要来自：主体资质、平台管理、网售处方药、药物质量缺陷纠纷、互联网药品广告等方面。

一、主体资质需合规

有关医药电商的法律主体，法律法规与学术界并未形成统一意见。其概念散见于"药品电子商务""医药电子商务""互联网药品""互联网+医药"等阐述中。[①]

《中华人民共和国电子商务法》第九条：本法所称电子商务经营者，是指通过互联网等信息网络从事销售商品或者提供服务的经营活动的自然人、法人和非法人组织，包括电子商务平台经营者、平台内经营者以及通过自建网站、其他网络服务销售商品或者提供服务的电子商务经营者。

本法所称电子商务平台经营者，是指在电子商务中为交易双方或者多方提供网络经营场所、交易撮合、信息发布等服务，供交易双方或者多方独立开展交易活动的法人或者非法人组织。

本法所称平台内经营者，是指通过电子商务平台销售商品或者提供服务的电子商务经营者。

[①]　国家药品监督管理局发布的《药品电子商务试点监督管理办法》中，使用"药品电子商务"一词；国务院《关于大力发展电子商务加快培育经济新动力的意见》和《关于积极推进"互联网+"行动的指导意见》中，使用"医药电子商务"的表述；《关于进一步改革完善药品生产流通使用政策的若干意见》中，是用来"互联网+药品流通"的表述；《关于促进"互联网+医疗健康"发展的意见》中，使用"互联网药品"一词。

因此，根据《电子商务法》规定：医药电子商务经营者，应当指通过互联网等信息网络从事销售药品（医药器械/药包材）或者提供药事服务经营活动的法人和非法人组织，包括医药电子商务平台经营者以及通过自建网站、其他网络服务销售医药产品或者提供药事服务的电子商务经营者。但限于依法设立的法人和非法人组织，不包括自然人。

根据《互联网食品药品经营监督管理办法（征求意见稿）》，医药电商主要包括从事"互联网药品信息服务""互联网药品交易服务""交易平台经营"等三类主体。

对三类主体的规制主要集中在《互联网药品交易审批暂行规定》《互联网食品药品经营监督管理办法（征求意见稿）》《药品网络销售管理办法（征求意见稿）》《互联网药品信息服务管理办法》（2017年修正）。

根据《互联网药品信息服务管理办法》第十一条第一款之规定，互联网药品信息服务的医药电商既可以是法人也可以是非法人。

而根据《互联网药品交易服务审批暂行规定》第六、八、九条之规定，从事互联网药品交易服务的医药电商只能是法人。

合规痛点：医药电商经营者必须依法取得特定市场主体身份后，才能开展相应的经营活动。

表11-1　医药电商主体资质要求

主体类别	资质要求	
互联网药品交易服务者	1. 仅限于法人； 2. 线上零售药店须取得《药品生产许可证》或《药品经营许可证》	
互联网药品信息服务者	1. 既可以是法人也可以是非法人； 2. 取得《互联网药品信息服务资格证书》并依法公示	从事经营性互联网信息服务的企业采取增值电信业务经营许可制度
		从事非经营性互联网信息服务的企业采取增值电信业务经营备案制度
交易平台经营者	应当按照国务院药品监督管理部门的规定，向所在地省、自治区、直辖市人民政府药品监督管理部门备案。 资质合规项目包括资质核验项目、禁止义务排查项目、亮照项目、平台协议/规则等方面。	

此外，还需要满足其他兜底性条款：

网络产品、服务应当符合相关国家标准的强制性要求；

《电子商务法》第十至十五条指出，电子商务经营者应依法办理市场主体登记、纳税、环境保护、出具发票、依法取得行政许可、有关信息公示等义务。

二、平台管理需合规

2013年，国家食品药品监督管理总局先后批准河北省、上海市、广东省三省（市）食品药品监管部门在河北慧眼医药科技有限公司"95095"平台、广州八百方信息技术有限公司"八百方"平台和纽海电子商务（上海）有限公司"1号店"平台进行互联网第三方平台药品网上零售试点工作，试点期限为一年。2016年时，由于试点过程中暴露出第三方平台与实体药店主体责任不清晰、对销售处方药和药品质量安全难以有效监管等问题，不利于保护消费者利益和用药安全，因此决定结束互联网第三方平台药品网上零售试点工作。交易平台经营者责任的重要性由此可见一斑。

2019年新《药品管理法》修订之前，对于医药电商平台的规制主要集中于《消费者权益保护法》与《电子商务法》；新《药品管理法》修订通过后，进一步明确平台与零售企业责任分担和相应法律责任。

表11-2　与医药电商平台相关的法律法规

名称	内容
《消费者权益保护法》	第四十四条：消费者通过网络交易平台购买商品或者接受服务，其合法权益受到损害的，可以向销售者或者服务者要求赔偿。网络交易平台提供者不能提供销售者或者服务者的真实名称、地址和有效联系方式的，消费者也可以向网络交易平台提供者要求赔偿；网络交易平台提供者做出更有利于消费者的承诺的，应当履行承诺。网络交易平台提供者赔偿后，有权向销售者或者服务者追偿。网络交易平台提供者明知或者应知销售者或者服务者利用其平台侵害消费者合法权益，未采取必要措施的，依法与该销售者或者服务者承担连带责任。

名称	内容
《电子商务法》	第三十八条：电子商务平台经营者知道或者应当知道平台内经营者销售的商品或者提供的服务不符合保障人身、财产安全的要求，或者有其他侵害消费者合法权益行为，未采取必要措施的，依法与该平台内经营者承担连带责任。对关系消费者生命健康的商品或者服务，电子商务平台经营者对平台内经营者的资质资格未尽到审核义务，或者对消费者未尽到安全保障义务，造成消费者损害的，依法承担相应的责任。 第八十三条：电子商务平台经营者违反本法第三十八条规定，对平台内经营者侵害消费者合法权益行为未采取必要措施，或者对平台内经营者未尽到资质资格审核义务，或者对消费者未尽到安全保障义务的，由市场监督管理部门责令限期改正，可以处五万元以上五十万元以下的罚款；情节严重的，责令停业整顿，并处五十万元以上二百万元以下的罚款。
《药品管理法》（2019年修订）	第六十二条第二、三款规定：第三方平台提供者应当依法对申请进入平台经营的药品上市许可持有人、药品经营企业的资质等进行审核，保证其符合法定要求，并对发生在平台的药品经营行为进行管理。 第三方平台提供者发现平台经营的药品上市许可持有人、药品经营企业有违反本法规定行为的，应当及时制止并立即报告所在地县级人民政府药品监督管理部门；发现严重违法行为的，应当立即停止提供网络交易平台服务。 第一百三十一条规定：平台未履行资质审核、报告、停止提供网络交易平台服务等义务的，责令改正，没收违法所得，并处二十万元以上二百万元以下的罚款；情节严重的，责令停业整顿，并处二百万元以上五百万元以下的罚款。

值得注意的是，对第三方平台本身的违法行为，新《药品管理法》与《电子商务法》存在冲突，《药品管理法》规定对平台经营者未尽到资格审核义务的，处20万元以上100万元以下罚款，而《电子商务法》规定处50万元以上200万元以下的罚款。而在对第三方平台的监管趋势趋严的情势下，对第三方平台本身的违法行为的规制当然也会更加严苛，第三方平台要加强本身管理与监督义务。

三、网售处方药需合规

新《药品管理法》没有明确禁止网售处方药，而是规定网售药品需要遵守有关药品经营的规定，同时仅强调"疫苗、血液制品、麻醉药品、精神药品、医疗用毒性药品、放射性药品、药品类易制毒化学品等国家实行特殊管理的药品不得在网络上销售"，并未明确把"处方药"列在其中。

同时，在全国人大常委会办公厅2019年8月26日的新闻发布会上，有关负责人答记者问时表示将制定药品网络销售监督管理办法和相关政策，在线上线下条件一致、确保处方的来源真实、确保配送符合GSP的前提下，允许网络销售处方药。这些法律法规与政策的调整体现了国家对网售处方药持放开的态度。

而当前针对网售药品只有一部专门立法的情况下，应当保证处方药来源于符合资质的互联网诊疗主体所开具的在线处方，并核实是否有医师签名和药师的记录。同时确保处方药不属于新《药品管理法》的负面清单。

四、药物质量缺陷纠纷的合规风险

《侵权责任法》第五十九条、新修订的《药品管理法》及《消费者权益保护法》《电子商务法》等法律均规定了因医药产品缺陷导致损害的消费者求偿权。

新《药品管理法》明确规定，药品上市许可持有人和药品经营企业应当建立并实施药品追溯制度，按照规定提供追溯信息，保证药品可追溯，对于销售假药、劣药的，承担相关行政责任和刑事责任。

对于药品质量产生的民事损害，药品上市许可人和经营企业都可能承担民事赔偿责任，并且实行民事赔偿首负责任制。根据《电子商务法》，对于关系消费者人身安全的产品和服务，第三方电商平台知道或者应当知道其存在质量问题而未采取必要措施的，依法与该平台内经营者承担连带责任；如对平台内经营者的资质资格未尽到审核义务，或者对消费者未尽到安全保障义务，造成消费者损害的，依法承担相应的责任。

另外为避免因药品的运输、储存等环节出现问题而导致药品质量纠纷，医药电商应当严格制定合法合规的药品管理仓储和配送制度，若是委托其他企业仓储和配送的，应评估其服务质量及能力，签订协议进行监督，明确法律责任，确保仓储及配送环节不出现质量问题。

五、互联网药品广告行为需合规

针对互联网药品广告行为，其传统合规依据主要为《中华人民共和国广告法》《互联网广告管理暂行办法》《互联网药品信息服务管理办法》。

就当前网络直播营销活动，国家市场监督管理总局于2020年7月29日就《市场监督管理总局关于加强网络直播营销活动监管的指导意见（征求意见稿）》（以下简称《征求意见稿》）向社会公开征求意见。

综上，互联网药品广告的合规，当前主要集中在以下法律法规及其具体条文中。

《互联网广告管理暂行办法》与《互联网药品信息服务管理办法》规定：提供互联网药品信息服务的网站发布的药品（含医疗器械）广告，必须经食品药品监管部门审查批准，且发布的广告中应注明"广告"字样和广告审查批准文号。同时，根据《中华人民共和国广告法》，互联网信息服务提供者不得以介绍健康、养生知识等形式变相发布医疗、药品、医疗器械、保健食品广告，即互联网医疗平台的推广文章、视频中指明药品、医疗器械厂家的，并说明使用功效，会被认定为药品或医疗器械广告，该等推广文章和视频也应经审查批准。

根据《中华人民共和国广告法》《互联网广告管理暂行办法》与《互联网药品信息服务管理办法》，网站不得发布麻醉药品、精神药品、医疗用毒性药品、放射性药品等特殊药品和医疗机构制剂的产品信息，不得发布处方药广告。

尤其值得注意的是，目前互联网医疗和互联网医药企业只能发布非处方药广告，且发布前应经食品药品监管部门审查批准。

值得注意的是，最新公布的《征求意见稿》将网络直播营销活动视为不完全属于一种广告并只接受《广告法》规制的行为。其对网络平台、商品经营者及网络主播的法律责任分别进行了规定，厘清有关主体法律责任：

（1）网络平台经营者对网络直播营销活动进行宣传、推广的，受《广告法》的规制；

（2）商品经营者通过网络直播销售商品或提供服务，应按照《电子商务法》《反不正当竞争法》《产品质量法》《食品安全法》《消费者权益保护法》《广告法》《价格法》等相关法律规定，履行法律责任和义务；

（3）自然人、法人或其他组织在网络直播营销活动中为商品经营者提供直播服务，直播内容构成商业广告的，应根据其具体行为，按照《广告法》规定履行广告发布者、广告经营者或广告代言人的责任和义务。

同时，《征求意见稿》严格规范了广告审查发布。在网络直播营销活动中发布法律、法规规定应进行审查的广告，应严格遵守广告审查有关规定，未经审查不得发布。不得以网络直播形式发布医疗、药品、医疗器械、农药、兽药、保健食品和特殊医学用途配方食品等法律、法规规定应当进行发布前审查的广告。

专栏：医药电商平台的处方药合规管理

中国网财经记者对部分医药电商进行暗访调查，结果发现，"1药网""健客网上药店""药房网商城"等部分电商存在"无处方也可购买处方药"现象。①

经过记者调查发现，上述医药电商平台存在"购买处方药可代开处方""部分处方药可直接购买""药品销售数量无限制"等问题。

新版《药品管理法》划定了药品网络禁售范围，但没有直接禁

---

① 中国网："记者实测多家医药电商平台：没处方也能大量网购处方药？" https://finance.sina.cn/2019-12-18/detail-iihnzahi8416975.d.html?from=wap，访问时间：2020年9月10日。

止网售处方药。对此，北京大学医学人文学院教授王岳在接受媒体采访时表示："不论网售处方药政策是否放开，处方药应凭方购买是不变的底线，这是毫无疑问的。"

诸如以上问题，医药电商平台均需严格己方监督与管理义务，严守合规红线。

第十二章　互联网医药电商的合规应对之策

随着新修订的《药品管理法》于2019年12月1日的施行，医药电商又一次站在行业风口。但是，医药电商仍存在一些需解决的问题，尤其体现在合规、合法经营创新方面。要使医药电商能够良性发展，医药电商要共建合规经营、合法创新、合作发展的三"合"行业模式。

一、合规可持续发展的基本

国家采取"审慎包容"的态度，确实给医药电商企业更多的发展机会。但从医药电商近20年的发展历程来看，政策多次修改变换，态度上的多次转变（从禁止到包容放开、从全面禁止到建立黑名单制、从审批制到备案制），这些变化无一例外，都是围绕着"合规"这个关键词开展的。

新修订的《药品管理法》中并未直接禁止第三方平台网售处方药，大家认为这是"放开"的开始，但是2019年11月22日公布的《市场准入负面清单（2019年版）》明确规定"药品生产、经营企业不得违反规定采用邮寄、互联网交易等方式直接向公众销售处方药"。可见，医药电商行业网售处方药依然被政策严格束缚，"合规"监管红线未曾动摇。

在新修订的《药品管理法》实施的大环境下，在"松紧"结合的政策夹持下，医药电商也面临着新的合规要求。在"放管服"的改革中，行业监管也在变化，负面清单的建立、监管思路更加强调事后监管，"合规"红线不得触碰，毕竟药品安全面前无小事。而在医药分开改革措施全面落地，国家鼓励互联网+医疗健康等利好政策背景下，放开网售处方药是大势所趋，只是时间问题。而时间的快慢，很大程度上取决于行业的"合规"水平。

二、合法创新才有效

随着政策的放开和互联网+技术的加持，未来越来越多的传统线下药店会进一步拓展医药电商渠道，但在如何切入、如何合法创新、线上线下怎样完美结合方面，仍缺乏经验。面对激烈的市场环境，传统药店若想转变，首先应当做好消费升级，将消费权还给消费者、更大程度满足消费者，让消费者获得更专、更全的知识，从而自主购药；其次，要回到零售本质，提升传统药企的经营效率。

在国家鼓励"网订店取"的情况下，医药行业线上线下结合的经营模式如沐春风，新零售方向得到越来越多连锁药房认同。

此外，处方外流将成为药店未来增量的主要方向，但如何获得合法的处方，成为药企难以解决的问题。而连接互联网医院，对于药企来讲无疑是一个重要的获取处方的渠道。虽然政策已经为网售处方药提供法律依据，但具体实施方式仍有待修订，在标准未完全明朗之前，确保合法创新，最大限度保障广大消费者的用药安全，保证药品全程可追溯，也是行业当前的首要任务。

三、合作抗风险，达双赢

与此同时，寻找并引入更多工业资源，探索线上、线下渠道工商合作共赢的发展模式，也成为当前行业必须探讨的话题。有分析认为，网售处方药的政策红利不会在医药电商企业中"平均分配"，反而可能会进一步拉大梯队差距。因此，政策正式实施以前，医药电商平台大多是积极与药企建立紧密的合作，以获得更多优质的药品资源。

医药新零售发展至此，医药电商企业已经不仅仅单纯销售药品了，它还可以促使工业品牌企业实现终端营销，无论是形象、终端、软装，还是技术研发、生产体系，均以全新姿态呈现，通过信息化、大数据手段及目标群体的精准触达，重塑产品和用户价值，形成一个高度融合的生态系统。

第四篇

民营医疗机构合规

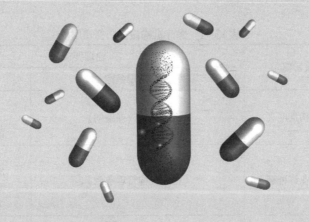

第十三章　民营医疗机构设立中的合规

我国对医疗机构设立实施严格的"执业许可资质"与"法律主体资格登记"并行的审批制度。设立医疗机构要向卫生行政主管部门提出设置申请。在取得设置医疗机构批准书后，应向主体资格登记机关申请主体资格登记。医疗机构执业，还须向卫生行政主管部门办理执业登记。办理完医疗机构执业登记，医疗机构设立才算全部完成。

以下就民营医疗机构设立中所涉流程进行梳理，以期厘清民营医疗机构在设立中的合规痛点。

第一节　民营医疗机构设立的必备资质及流程

表13-1　医疗机构设立必备资质

必备资质名称	合规要求	
	法律法规名称	内容
设置医疗机构批准书	《医疗机构管理条例》	第九条 第二十条 第二十三条
医疗机构执业许可证	《医疗机构管理条例》	第十五条 第二十一条 第二十二条 第二十三条
污水排入排水管网许可证	《环境保护法》 《城镇排水与污水处理条例》 《医疗废物管理条例》	

必备资质名称	合规要求	
	法律法规名称	内容
大型医用设备配置许可证	《大型医用设备配置与使用管理办法》	第六条 第十四、十六条 第十七条
放射诊疗许可证	《放射诊疗管理规定》	第四条 第二十条
辐射安全许可证	《放射性污染防治法》	第二十八条
麻醉药品、第一类精神药品购用印鉴卡	《麻醉药品和精神药品管理条例》	第三十六条
医疗广告审查证明	《医疗广告管理办法》	第三条
ICP许可或者备案	《互联网信息服务管理办法》	第四条

医疗机构依据其业务类别及评审等级不同，其开设流程主要分为以下三种情形。

第一，开设三级医院、三级妇幼保健院、急救中心、急救站、临床检验中心、中外合资合作医疗机构、港澳台独资医疗机构需分别经过：医疗机构设置审批、申请医疗机构执业许可及主体资格登记流程。

第二，除第一种以外的医疗机构，实行设置审批与执业登记"两证合一"，即无须单独进行医疗机构设置审批流程，该程序与医疗机构执业许可审批程序合并进行，后续再进行主体资格登记流程。

第三，法人和其他组织设置的为内部职工服务的门诊部、诊所、卫生所（室）采取备案制，无须进行医疗机构设置审批程序，而是向卫健部门备案，取得《设置医疗机构备案回执》，后续再进行申请医疗机构执业许可、主体资格登记流程。

需要说明的是，医疗机构设立过程中，营利性医疗机构设置采取"先照后证"，非营利性医疗机构设置采取"先证后照"的形式。

医疗机构经过医疗机构设置审批、申请医疗机构执业许可及主体资格登记的设立流程后，在其运营过程中应根据《医疗机构评审办法》《医疗机构校验管理办法（试行）》等规定办理校验和登记评审手续。

表13-2　医疗机构设立流程

	环节	积极后果	备注
医疗机构设立流程	医疗机构设置审批	向人民政府卫健部门提出医疗机构设置申请	·营利性医疗机构设置审批为后置审批，实行先照后证，强化事中、事后监管：先办理主体资格登记，再办理《医疗机构执业许可证》 "先照后证" ·非营利性医疗机构则需先办理《医疗机构执业许可证》，再进行主体资格登记 "先证后照"
		卫健部门自受理设置申请之日起30日内，做出批准或者不批准的书面答复；批准设置的，发给《医疗机构批准书》	
	医疗机构执业许可证（"证"）	向批准其设置的卫健部门提出医疗机构执业登记申请	
		卫健部门自受理执业登记申请之日起45日内，根据有关规定和医疗机构基本标准进行审核，审核合格的，予以登记，发给《医疗机构执业许可证》；审核不合格的，将审核结果以书面形式通知申请人	
主体资格登记	"照"	非营利性医疗机构办理主体资格登记 营利性医疗机构办理主体资格登记	
校验手续			
等级评审			

第二节　民营医疗机构设立中的名称合规分析

民营医疗机构设立的首要问题是为拟设立的医疗机构确定一个名称。选择一个既符合相关法律法规规定，又具有显著性的名称，不仅关系到拟设立的医疗机构能否顺利通过相关行政审批，而且关系到该医疗机构能否保障自身品牌形象和信誉，防止他人攀附商誉和不正当竞争行为的发生，有助于形成良好、有序的医疗市场竞争环境。

表13-3　民营医疗机构设立相关处罚情况（2019—2020年）

处罚事由	案例数	平均罚款数额（元）
人员资质不全	44	2582.95
医疗机构资质不全	41	7627.50
违规宣传	14	215846.15

一、民营医疗机构名称设定合规要求

我国各级卫生行政部门负责所辖区域内医疗机构的监督管理工作。对于医疗机构的名称，我国相关法律规定也已形成一套完整的监管体系。

表13-4　民营医疗机构名称合规要求

法律法规	要求
《医疗机构管理条例》	第十六条规定，申请医疗机构执业登记，应当有适合的名称。
《医疗机构管理条例实施细则》	第四十条规定，医疗机构的名称由识别名称和通用名称依次组成。医疗机构的通用名为：医院、中心卫生院、卫生院、疗养院、妇幼保健院、门诊部、诊所、卫生所、卫生站、卫生室、医务室、卫生保健所、急救中心、急救站、临床检验中心、防治院、防治所、防治站、护理院、护理站、中心以及卫生部规定或者认可的其他名称。 医疗机构可以下列名称作为识别名称：地名、单位名称、个人姓名、医学学科名称、医学专业和专科名称、诊疗科目名称和核准机关批准使用的名称。
	第四十一条规定，医疗机构的命名必须符合以下原则： （一）医疗机构的通用名称以前条第二款所列的名称为限； （二）前条第三款所列的医疗机构的识别名称可以合并使用； （三）名称必须名副其实； （四）名称必须与医疗机构类别或者诊疗科目相适应； （五）各级地方人民政府设置的医疗机构的识别名称中应当含有省、市、县、区、街道、乡、镇、村等行政区划名称，其他医疗机构的识别名称中不得含有行政区划名称； （六）国家机关、企业和事业单位、社会团体或者个人设置的医疗机构的名称中应当含有设置单位名称或者个人的姓名。
	第四十二条规定，医疗机构不得使用下列名称： （一）有损于国家、社会或者公共利益的名称； （二）侵犯他人利益的名称； （三）以外文字母、汉语拼音组成的名称； （四）以医疗仪器、药品、医用产品命名的名称； （五）含有"疑难病""专治""专家""名医"或者同类含义文字的名称以及其他宣传或者暗示诊疗效果的名称； （六）超出登记的诊疗科目范围的名称； （七）省级以上卫生行政部门规定不得使用的名称。

法律法规名称	要求
《医疗机构管理条例实施细则》	第四十三条规定，以下医疗机构名称由卫生部核准；属于中医、中西医结合和民族医医疗机构的，由国家中医药管理局核准： （一）含有外国国家（地区）名称及其简称、国际组织名称的； （二）含有"中国""全国""中华""国家"等字样以及跨省地域名称的； （三）各级地方人民政府设置的医疗机构的识别名称中不含有行政区划名称的。
	第四十三条规定，以下医疗机构名称由卫生部核准；属于中医、中西医结合和民族医医疗机构的，由国家中医药管理局核准： （一）含有外国国家（地区）名称及其简称、国际组织名称的； （二）含有"中国""全国""中华""国家"等字样以及跨省地域名称的； （三）各级地方人民政府设置的医疗机构的识别名称中不含有行政区划名称的。
	第四十四条规定，以"中心"作为医疗机构通用名称的医疗机构名称，由省级以上卫生行政部门核准；在识别名称中含有"中心"字样的医疗机构名称的核准，由省、自治区、直辖市卫生行政部门规定。 含有"中心"字样的医疗机构名称必须同时含有行政区划名称或者地名。
	第四十五条规定，除专科疾病防治机构以外，医疗机构不得以具体疾病名称作为识别名称，确有需要的由省、自治区、直辖市卫生行政部门核准。

二、营利性民营医院名称合规问题

（一）医疗机构的名称未含有设置单位名称或个人的姓名

《医疗机构管理条例实施细则》第四十一条规定，国家机关、企业和事业单位、社会团体或者个人设置的医疗机构的名称中应当含有设置单位名称或者个人的姓名。

在北京市卫生和计划生育委员会网站，以"专科医院"作为关键字进行医疗机构信息查询，进而在北京市企业信用信息网进行查询，结果显示医疗机构名称也并未包括设置人名称或姓名的，具体信息如下。

表13-5　北京市部分医疗机构名称未包括设置人名称或姓名的专科医院

医疗机构名称	设置单位/人	类型	是否含有设置人名称
北京皇城股骨头坏死专科医院	黄永勋、黄辉、黄宏、黄柏勋	非营利性企业法人（集体所有制）	否
北京金华骨专科医院	金来贵、刘玉华	营利性企业法人（集体所有制）	否
北京市丰盛中医骨伤专科医院	北京市西城区卫生和计划生育委员会	事业法人	否
北京心理卫生专科医院	北京市卫生局	事业法人	否
北京新时代伊美尔幸福医学美容专科医院	伊美尔（北京）控股集团有限公司	营利性企业法人	否

从以上查询成果可以推断出，医疗机构名称中不包含设置单位的名称或设置人姓名的情况大量存在。

（二）主体资格登记机关登记名称与卫生行政管理部门核准的医疗机构名称不一致

医疗机构在法人登记机关和卫生行政管理机关登记名称不一致的情形仍然存在。北京妇产医院在事业法人登记机关登记的名称为"首都医科大学附属北京妇产医院"，而在北京市卫生和计划生育委员会登记的名称为"北京妇产医院"。北京新时代伊美尔幸福医学美容专科医院在工商行政管理部门登记的名称为"北京新时代伊美尔幸福医学美容专科医院有限公司"，而在北京市卫生和计划生育委员会登记的名称为"北京新时代伊美尔幸福医学美容专科医院"。

（三）忽视医疗机构名称的商标保护

企业的名称指的是其为了区别在一定的行业范围内和区域范围内，该市场中不同行为主体的称谓。医疗机构名称是在医疗卫生这一特定行业中，区别一定地域内的不同医疗机构的称谓，是区分不同的医疗行业市场主体的标志。医疗机构名称经核准登记，于领取《医疗机构执业许可证》后方可使用，在核准机关管辖范围内享有专用权。

商标指任何能够将自然人、法人或者其他组织的商品或服务与他人的商品或服务区别开的标志，包括文字、图形、字母、数字、三维标志、颜色组合和声音等，以及上述要素的组合。我国实行商标注册制度。只有注册商标才能获得商标专用权。对于未注册商标，我国商标法仅在一定条件下提供有限度的保护。在全国范围内，未经商标注册人同意，不得在与注册商标指定使用商品相同或类似的商品上使用与注册商标相同或近似的商标。医疗服务商标是区别医疗服务来源的标志。

尽管医疗机构名称和医疗服务商标在概念上是清楚的、不同的，但在患者眼里，医疗服务商标与医疗机构名称都是一种商业标识，都具有标识服务来源的作用。而且，医疗机构在提供医疗服务过程中通常也将其名称作为商标进行使用。但是，医疗机构却忽视对其名称进行商标保护。复旦大学医院管理研究所发布的2015年度全国最佳医院排行榜（综合榜）中，所有北京地区医院（共21家）申请商标的数量非常有限，已申请的商标大多集中于医疗机构商标申请的核心类别，保护范围日渐呈难以完全适应未来发展之势，而大多数医院未进行商标申请，也显示了我国优质医疗水平的全国百强医院在商标保护方面仍有所欠缺，更从整体上表现出我国医疗机构的商标保护意识不强。

三、民营医疗机构设置名称合规性建议

我国目前对民营营利性医院命名按照卫生和工商双轨管理。从卫生行政管理的角度，医疗机构的名称要包括上述《医疗机构管理条例》及《医疗机构管理条例实施细则》法律规定的识别名称和通用名称；从工商行政管理的角度，名称要包括行政区划、字号、行业、组织形式。两个系统都有对名称审核的标准，营利性民营医疗机构名称要经过双重审核。

第三节　民营医疗机构的主要负责人设置合规分析

对医疗机构主要负责人的规定，现有规定主要集中于提供主要负责人的相关信息，但未涉及其法律地位、任职资格等。

一、医疗机构主要负责人任职资格规定不完整

《医疗机构管理条例实施细则》规定正在服刑或者不具有完全民事行为能力的个人，医疗机构在职、因病退职或者停薪留职的医务人员，发生二级以上医疗事故未满五年的医务人员，因违反有关法律、法规和规章已被吊销执业证书的医务人员，被吊销《医疗机构执业许可证》的医疗机构法定代表人或者主要负责人，不得担任医疗机构的法定代表人或者主要负责人。但是，《医疗机构管理条例》及其《实施细则》对什么样的人可以担任医疗机构的主要负责人却没有规定。

二、医疗机构主要负责人是否与法定代表人相同不明确

我国《医疗机构管理条例》仅规定了要对医疗机构的主要负责人进行审批和登记，未涉及医疗机构法定代表人的审批和登记。然而，《医疗机构管理条例实施细则》在规定主要负责人的任职资格和执业登记事项时，将主要负责人与法定代表人定为选择项目。从字面理解，医疗机构执业登记可登记主要负责人，也可登记法定代表人；主要负责人与法定代表人的任职资格相同。但是，并未明确医疗机构主要负责人和法定代表人的关系。那么，医疗机构主要负责人与法定代表人在制度设计上是否具有相同的地位、起相同的作用，这点尚未明确。

三、医疗机构主要负责人是否是设置审批的审核事项不明确

《医疗机构管理条例实施细则》附件《设置医疗机构审核意见表》将主要负责人列为审核事项。但是《医疗机构管理条例》和《医疗机构管理条例实施细则》并未将主要负责人设置为审批事项，仅规定主要负责人为医疗机构执业登记项目。因此，医疗机构主要负责人是否为医疗机构设置审批事项尚未明确。

四、医疗机构主要负责人是否为医疗机构执业登记项目不明确

《医疗机构管理条例》明确规定主要负责人为执业登记项目，但《医疗机构管理条例实施细则》却规定可登记主要负责人，也可登记法定代表人。因此，设置审批医疗机构主要负责人是否为医疗机构执业登记的必要项目未尚明确。

在北京市卫生和计划生育委员会网站，以"专科医院"作为关键字进行医疗机构信息查询，结果显示医疗机构执业登记中有的有主要负责人，有的无主要负责人，有的主要负责人与法定代表人相同，有的不同。具体信息如下。

表13-6　北京市部分专科医院医疗机构执业登记情况

医疗机构名称	类型	法定代表人	主要负责人
北京国卫生殖健康专科医院	营利性企业法人	童建国	宋新春
北京皇城股骨头坏死专科医院	非营利性企业法人（集体所有制）	黄辉	黄辉
北京金华骨专科医院	营利性企业法人（集体所有制）	金来贵	金来贵
北京市丰盛中医骨伤专科医院	事业法人	齐越峰	
北京心理卫生专科医院	事业法人	马辛	
北京新时代伊美尔幸福医学美容专科医院	营利性企业法人	丁阳	柳成

五、合规建议

民意医疗机构应明确主要负责人为医务负责人。

一个医疗机构的运作，有财务方面的工作、人力方面的工作、法务方面的工作、市场方面的工作，当然更有医务方面的工作。这方方面面的工作都有主要负责人。医疗机构的法定代表人是能全面代表作为法人存在的医疗机构的人员。然而法定代表人的审批权限应在医疗机构主体资格登记机关，而不应在医疗行业主管部门。作为医疗行业的监督管理部门，卫生行政机关监督的重点是与医务相关的工作，其审批的医疗机构主要负责人，应为医务方面的负责人。因此，建议将《医疗机构管理条例》及其《实施细则》的主要负责人明确为医务负责人。同时，应在《医疗机构管理条例实施细则》中增加医务负责人的任职资格规定，如担任医务负责人应当具备下列条件：

（一）大学本科以上学历；

（二）从事医务工作或医务管理工作5年以上；

（三）具有在企事业单位或者国家机关担任领导或者管理职务的任职经历；

（四）具有医师、护士等相关领域的合法专业资格；

（五）熟悉履行职责所需的法律法规和监管规定，在医疗健康方面具有良好的专业基础；

（六）对医疗行业的经营规律有比较深入的认识，有较强的专业判断能力、组织管理能力和沟通能力；

（七）在中华人民共和国境内有住所；

（八）卫生监督部门规定的其他条件。

第四节　民营医疗机构的上市合规分析

一、民营医院IPO上市概述及其合规痛点

民营医院含营利性和非营利性两大类。由于非营利性医院一般采取民办非法人的组织形式，其不以营利为经营目的，且不对收益进行分红，因此无法直接独立上市。目前上市的民营医院均为公司化治理形式的营利性医院，本部门讨论的民营医院亦主要指公司治理形式的营利性民营医院。推动我国民营医院上市有着一定的产业政策背景和融资制度环境。

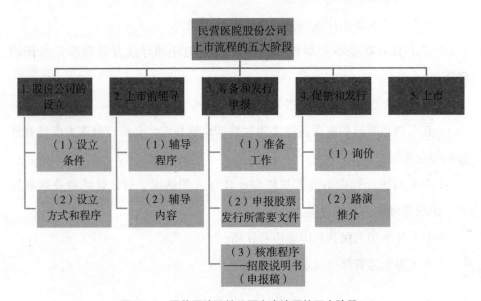

图13-1　民营医院股份公司上市流程的五大阶段

从2017年底开始，互联网医疗服务商融资、冲刺上市的消息便不绝于耳，先后披露的有健康160重启A股IPO、微医正在进行内部IPO重组，随后就是平

安好医生计划港股上市。

跟风风火火的投资形成鲜明对比的是，医疗服务领域IPO成功案例不多。

火石创造数据指出，2017年投资案例最多的细分领域为医疗服务，投资案例达353笔，占比37.28%。但2017年中国医疗健康产业47家成功IPO上市企业中，医疗服务企业仅有4家。

企业上市失败的原因各有差异，但合规问题屡屡被提及。主要的合规问题集中在：上市企业盈利真实性，包括法务、税务问题；药品供应的回扣的合法合规很难做到位；关联交易问题，对大股东利益输送监管比较严格；营销规范等问题；而且一些医院是用预售款的模式，永远无法赢利。

此外，医保控费也给医疗企业上市带来考验。如果民营医院医保占比在50%以上，在社会资本办医都在申请进医保的情况下，如果持续提升这个比例，控费压力很大。

虽然问题重重，但标的的估值却未见下降。有专家指出："医疗项目很多质地不是特别好，但是估值却非常高，很多民营医院的PE值已超过20倍甚至更高，有的形成一、二级市场倒挂现象，给投资人造成很大疑惑。"[①]

二、民营医疗机构上市合规性分析

上市对于民营医疗机构来讲，具有重要意义，既解决了民营医疗机构快速发展的融资问题，又对民营医疗机构的管理体制进行了规范，对于民营医疗机构基业长青起到重要的推动和保障作用。民营医疗机构在上市过程中，一定要严格遵循《证券法》尽到审慎的注意义务，不能出现重大遗漏，更不能出具任何的虚假文件，避免因为未勤勉尽责，而受到证监会的行政处罚。

---

① "合规问题频现，医疗服务企业IPO路在何方？"，载于《21世纪经济报道》，2018年1月31日，http://finance.sina.com.cn/roll/2018-01-31/doc-ifyremfz2411002.shtml。

（一）一般合规要件

进入全国中小企业股份转让系统挂牌并公开转让的合规审查：

（1）公司本次申请挂牌的批准和授权

（2）公司本次申请挂牌的主体资格

（3）公司本次申请挂牌的实质条件

（4）公司的设立

（5）公司的独立性

（6）公司发起人、股东和实际控制人

（7）公司的股本及其演变

（8）公司的业务

（9）公司关联方、关联交易及同业竞争

（10）公司的主要财产

（11）公司的重大债权债务

（12）公司重大资产变化及收购兼并

（13）公司章程的制定与修改

（14）公司股东大会、董事会、监事会议事规则及规范运作

（15）公司董事、监事和高级管理人员及其变化

（16）公司的税务

（17）公司的环境保护和产品质量、技术等标准、劳动和社保情况

（18）公司的重大诉讼、仲裁或行政处罚

（19）推荐机构

（20）结论性意见

（二）特殊合规审查

（1）医疗资产与开展业务的匹配程度

（2）业务范围

（3）人员资格（医师证、外国医师执业许可证等）

（4）加入医保体系或与医保体系的衔接问题

（5）场地租用的可持续性问题：房产租赁的问题，产权清晰，租赁合同有效、可持续性、搬迁风险

（6）关联企业关系：披露该关联企业与公司是否存在业务往来及潜在同业竞争、实际控制人情况

（7）有无重大违法行为及诉讼情况等。

（三）重点法律问题合规性审查

1. 主营业务合规性

民营医院是否已取得相关业务的全部资质及许可，报告期内有无重大行政处罚，民营医院及其医师的执业行为是否合规等，均需予以关注。

（1）资质是否齐全

A股IPO及重大资产重组需披露发行人、标的资产的相关资质，而港股IPO也需于招股说明书中披露牌照、许可证和批文。民营医院开展业务必须取得《医疗机构执业许可证》，且其服务范围应覆盖民营医院实际开展的业务范围。此外，还需结合民营医院的具体业务范围，审查判断民营医院是否已取得开展相关业务的全部资质，如是否须取得大型医用设备配置许可证、放射诊疗许可证、辐射安全许可证等证照。另需注意，民营医院已取得的资质证照是否处于有效期内，是否存在无法续期的风险。

（2）有无行政处罚

报告期内的行政处罚问题亦为境内外证券监管部门的重点关注事项之一。中介机构需对报告期内民营医院是否存在行政处罚进行细致核查，并判断相关行政处罚中民营医院是否构成重大违法违规行为，是否已完成处罚整改，以及民营医院的内控机制是否健全等。通化金马2018年并购医院的重大资产重组项目最终未能成功，证监会在反馈问题中对该项标的资产报告期内受到多次行政处罚予以了关注。

（3）执业合规性

需核查民营医院的执业是否存在科室承包、科室出租行为。根据《医疗机构管理条例》等规定，出卖、转让、出借《医疗机构执业许可证》的，由县级以上人民政府卫生行政部门没收非法所得，并可以处以5000元以下的罚款；情节严重的，吊销其《医疗机构执业许可证》。康宁医院申请A股IPO时，证监会发审委便关注了康宁医院是否涉及科室承包、租赁的问题。

需核查民营医院的医师是否已办理相关执业注册手续。根据《执业医师法》《医师执业注册管理办法》等规定，拟于医疗机构执业的人员，应先申请注册。《医师执业注册管理办法》自2017年4月1日起实施，医师的多点执业注册手续更加便捷。证监会发审委在对康宁医院A股IPO的反馈意见中，关注了人员的专职性事宜，询问康宁医院医师人员的职称级别、工作简历、在康宁医院的工作时间，询问是否存在"走穴"或兼职的情况。而在民营医院港股招股说明书中，往往会披露主要在该医院执业的医师及该医院多点执业的医师情况。我们理解，如某医院的多点执业医师人数较多，而以该医院为主要执业机构的医师人数过少，则该医院的人员独立性可能会受到重点关注。

2. 医疗纠纷

民营医院的医疗纠纷也是需重点关注的法律问题之一。医疗纠纷一般由患者接受治疗之中或之后的受伤、受损或死亡引起，涉及事件是否为医疗事故的定性、院方是否需赔偿、各方责任的判定、主管部门是否予以处罚及采取和解、诉讼等解决方式等内容。民营医院报告期内是否发生重大医疗纠纷，以及与此相关的重大行政处罚、重大诉讼，都是备受关注的问题。民营医院港股IPO的招股书中，通常会就报告期内重大医疗纠纷予以详细披露。例如弘和仁爱招股说明书对报告期内重大医疗纠纷的事件日期、事件性质及原因、解决方式、医院支付的赔偿、医院责任、有关部门所处的处罚等进行了详细披露。

3. 物业合规性

物业合规问题是企业上市面临的普遍问题，我国对设置医疗机构有着较高的物业要求，民营医院的物业合规性问题不容小觑。

自有物业方面，需核查民营医院的土地、房屋是否取得相关权证，在建工程是否取得相关许可，建设过程是否合法合规，后续验收及取得权证是否存在实质障碍。另需关注划拨地问题，根据《划拨用地目录》等规定，如相关地块性质为划拨地，应将划拨地用于非营利性医疗机构；将划拨地变更为出让地后，才可用于营利性医疗机构。

租赁物业方面，需核查所租物业是否取得相关权证，是否为出让地或出让地的地载房屋（未经批准划拨地不可出租）；如所租物业未取得相关权证，则需进一步核查所租物业的建设手续是否齐全及合法合规；核查出租方是否为有权出租人；核查租赁期限及租赁到期后的续期是否有障碍，即确认租赁是否具有稳定性；核查租赁物业是否已办理租赁备案。

另外，无论是自有物业还是租赁物业，均需核查土地与房屋的用途，确认是否有改变规划用途的情况。康宁医院A股IPO时，证监会发审委便询问了医院将工业用途的物业临时改变为医疗用途是否合法的问题。

4. 非营利性医院运营模式

根据《卫生部、国家中医药管理局、财政部、国家计委关于印发〈关于城镇医疗机构分类管理的实施意见〉的通知》（卫医发〔2000〕233号），医疗机构可分为非营利性医疗机构与营利性医疗机构。政府不举办营利性医疗机构，而民营医院可分为民办营利性医疗机构及民办非营利性医疗机构。民办营利性医疗机构一般为公司制医院，该类医院本身或其股东可作为上市主体，而民办非营利性医疗机构一般为民办非企业单位，该类医院不以营利为目的，其本身无法作为上市主体，在不改变其自身性质的情况下，该等医院参与上市公司重大资产重组的难度也较大。

上市公司运营民办非营利性医疗机构主要有如下方法：一是变更性质，变更为营利性医疗机构，但该方法一般需要将非营利性医疗机构先予以注销，程序复杂、耗时繁多；二是采用托管模式，不改变非营利性医疗机构性质，而是由管理方通过管理民办非营利性医疗机构实现并表，民办非营利性医疗机构将大部分经营收益向管理方缴纳管理费或咨询费。例如，港股上市公司弘和仁爱向其所管理的民办非营利性医疗机构杨思医院收取管理咨询费。

5. 互联网医疗合规性

"互联网+医疗服务"为近年来医疗服务的热点之一。一些民营医院亦投身互联网医疗服务的浪潮。比如，国际医学（000516）与阿里巴巴进行合作，国际医学2019年半年报披露，2019年4月2日，西安高新医院互联网医院正式上线运行。

《互联网诊疗管理办法（试行）》《互联网医院管理办法（试行）》《远程医疗服务管理规范（试行）》（合称"互联网医疗新规"）已于2018年7月17日生效，该等互联网医疗新规对开展互联网诊疗、设立互联网医院的资质及准入要求做出了明确规定。截至目前，若干地区亦已出台相应细则，如上海已出台《上海市互联网医院管理办法》。

如拟上市民营医院开展互联网诊疗或互联网医院等业务，该等医院需遵守上述互联网医疗新规：如民营医院开展互联网诊疗业务，需向卫生健康行政部门申请在其《医疗机构执业许可证》增加"互联网诊疗"的服务方式；如开设互联网医院，则需按具体情况，在《医疗机构执业许可证》增加作为实体机构第二名称的互联网医院，或由独立设置的互联网医院取得独立的《医疗机构执业许可证》。

除此之外，互联网医疗还涉及病人的个人信息保护问题。《网络安全法》已于2017年6月1日生效，根据《网络安全法》要求，收集及使用个人资料时，网络运营者（此时为民营医院）应当遵循"合法、正当、必要"的原则。

上市对于民营医疗机构来讲具有重要意义，既解决了民营医疗机构快速发展的融资问题，又对民营医疗机构的管理体制进行了规范，对于民营医疗机构基业长青起到重要的推动和保障作用。民营医疗机构在上市过程中，一定要严格遵循《证券法》，尽到审慎的注意义务，不能出现重大遗漏，更不能出具任何虚假文件，避免因为未勤勉尽责，而受到证监会的行政处罚。

第五节 民营中医医疗机构的特殊规定分析

一、民营中医医疗机构发展现状

近年来，我国社会办中医医疗机构（中医医院、中医门诊部、中医诊所等）蓬勃发展，社会办中医医疗机构中的人员不断增加，社会办中医医疗机构的诊疗量不断提高，门诊和出院病人数都高于公立中医医院的增长速度。自2009年医改以来，中医诊所的机构数、人员数、诊疗量均保持平稳增长。我国民营中医医院呈现较快发展的趋势，高于我国医院的平均增长速度。

但西医民营医院从数量到占比都远比中医民营医院要多得多。虽然中医办民营医院既有优势又有特色，具有投资少、起步快、专科多、技术适宜等优势。但是西医的民营医院抓住政策与医改的机遇迅猛发展，抢占了市场。中医院原来在公立医院的医疗资源与市场份额上处于从属地位，现在在民营医院的资源与市场方面又处于弱势，如此发展下去，战略环境对中医院十分不利。

中医药是中华民族的瑰宝，是我国医药卫生体系的特色和优势，是国家医药卫生事业的重要组成部分。新中国成立以来，党和国家高度重视中医药工作，坚持中西医并重，中医药事业取得了显著成就。2003年国务院制定的《中医药条例》对促进、规范中医药事业发展发挥了重要作用。中医药界一直呼吁制定一部较为全面的中医药法，几乎每年全国两会都有全国人大代表、全国政协委员提出制定中医药法的议案、提案和建议。为了进一步保障和促进中医药事业发展，2008年十一届全国人大常委会将中医药法列入立法规划。2009年《中共中央国务院关于深化医药卫生体制改革的意见》明确要求加快中医药立法工作。2011年12月原卫生部向国务院报送了中医药法草案（送审稿），2015年12月国务院将中医药法草案提请全国人大常委会审议。全国人大常委会于2015年12月和2016年8月、12月进行三次审议后通过了中医药法。2016年12月25日通过《中华人民共和国中医药法》，自2017年7月1日起施行。

中医药法的通过对中医药事业发展具有里程碑式的重要意义。中医药法第一次从法律层面明确了中医药的重要地位、发展方针和扶持措施，为中医药事业发展提供了法律保障。中医药法针对中医药自身的特点，改革完善了中医医师、诊所和中药等管理制度，有利于保持和发挥中医药特色和优势，促进中医药事业发展。同时，中医药法对实践中存在的突出问题做了有针对性的规定，有利于规范中医药从业行为，保障医疗安全和中药质量。此外，中医药法的出台有利于提升中医药的全球影响力，在解决健康服务问题上，为世界提供中国方案、中国样本，为解决世界医改难题做出中国的独特贡献。

二、民营中医医疗的相关法律法规

民营中医医疗机构的运行须特别关注《中华人民共和国中医药法》第十四条、第十五条、第十六条、第十七条、第十八条、第十九条、第二十条、第三十一条、第三十二条、第五十四条、第五十五条、第五十六条、第五十七条之规定，具体内容如下。

第十四条　举办中医医疗机构应当按照国家有关医疗机构管理的规定办理审批手续，并遵守医疗机构管理的有关规定。

举办中医诊所的，将诊所的名称、地址、诊疗范围、人员配备情况等报所在地县级人民政府中医药主管部门备案后即可开展执业活动。中医诊所应当将本诊所的诊疗范围、中医医师的姓名及其执业范围在诊所的明显位置公示，不得超出备案范围开展医疗活动。具体办法由国务院中医药主管部门拟订，报国务院卫生行政部门审核、发布。

第十五条　从事中医医疗活动的人员应当依照《中华人民共和国执业医

师法》的规定，通过中医医师资格考试取得中医医师资格，并进行执业注册。中医医师资格考试的内容应当体现中医药特点。

以师承方式学习中医或者经多年实践，医术确有专长的人员，由至少两名中医医师推荐，经省、自治区、直辖市人民政府中医药主管部门组织实践技能和效果考核合格后，即可取得中医医师资格；按照考核内容进行执业注册后，即可在注册的执业范围内，以个人开业的方式或者在医疗机构内从事中医医疗活动。国务院中医药主管部门应当根据中医药技术方法的安全风险拟订本款规定人员的分类考核办法，报国务院卫生行政部门审核、发布。

第十六条　中医医疗机构配备医务人员应当以中医药专业技术人员为主，主要提供中医药服务；经考试取得医师资格的中医医师按照国家有关规定，经培训、考核合格后，可以在执业活动中采用与其专业相关的现代科学技术方法。在医疗活动中采用现代科学技术方法的，应当有利于保持和发挥中医药特色和优势。

社区卫生服务中心、乡镇卫生院、社区卫生服务站以及有条件的村卫生室应当合理配备中医药专业技术人员，并运用和推广适宜的中医药技术方法。

第十七条　开展中医药服务，应当以中医药理论为指导，运用中医药技术方法，并符合国务院中医药主管部门制定的中医药服务基本要求。

第十八条　县级以上人民政府应当发展中医药预防、保健服务，并按照国家有关规定将其纳入基本公共卫生服务项目统筹实施。

县级以上人民政府应当发挥中医药在突发公共卫生事件应急工作中的作用，加强中医药应急物资、设备、设施、技术与人才资源储备。

医疗卫生机构应当在疾病预防与控制中积极运用中医药理论和技术方法。

第十九条　医疗机构发布中医医疗广告，应当经所在地省、自治区、直辖市人民政府中医药主管部门审查批准；未经审查批准，不得发布。发布的中医医疗广告内容应当与经审查批准的内容相符合，并符合《中华人民共和国广告法》的有关规定。

第二十条　县级以上人民政府中医药主管部门应当加强对中医药服务的

监督检查，并将下列事项作为监督检查的重点：

（一）中医医疗机构、中医医师是否超出规定的范围开展医疗活动；

（二）开展中医药服务是否符合国务院中医药主管部门制定的中医药服务基本要求；

（三）中医医疗广告发布行为是否符合本法的规定。

中医药主管部门依法开展监督检查，有关单位和个人应当予以配合，不得拒绝或者阻挠。

第三十一条　国家鼓励医疗机构根据本医疗机构临床用药需要配制和使用中药制剂，支持应用传统工艺配制中药制剂，支持以中药制剂为基础研制中药新药。

医疗机构配制中药制剂，应当依照《中华人民共和国药品管理法》的规定取得医疗机构制剂许可证，或者委托取得药品生产许可证的药品生产企业、取得医疗机构制剂许可证的其他医疗机构配制中药制剂。委托配制中药制剂，应当向委托方所在地省、自治区、直辖市人民政府药品监督管理部门备案。

医疗机构对其配制的中药制剂的质量负责；委托配制中药制剂的，委托方和受托方对所配制的中药制剂的质量分别承担相应责任。

第三十二条　医疗机构配制的中药制剂品种，应当依法取得制剂批准文号。但是，仅应用传统工艺配制的中药制剂品种，向医疗机构所在地省、自治区、直辖市人民政府药品监督管理部门备案后即可配制，不需要取得制剂批准文号。

医疗机构应当加强对备案的中药制剂品种的不良反应监测，并按照国家有关规定进行报告。药品监督管理部门应当加强对备案的中药制剂品种配制、使用的监督检查。

第五十四条　违反本法规定，中医诊所超出备案范围开展医疗活动的，由所在地县级人民政府中医药主管部门责令改正，没收违法所得，并处一万元以上三万元以下罚款；情节严重的，责令停止执业活动。

中医诊所被责令停止执业活动的，其直接负责的主管人员自处罚决定做出之日起五年内不得在医疗机构内从事管理工作。医疗机构聘用上述不得从事管理工作的人员从事管理工作的，由原发证部门吊销执业许可证或者由原备案部门责令停止执业活动。

第五十五条　违反本法规定，经考核取得医师资格的中医医师超出注册的执业范围从事医疗活动的，由县级以上人民政府中医药主管部门责令暂停六个月以上一年以下执业活动，并处一万元以上三万元以下罚款；情节严重的，吊销执业证书。

第五十六条　违反本法规定，举办中医诊所、炮制中药饮片、委托配制中药制剂应当备案而未备案，或者备案时提供虚假材料的，由中医药主管部门和药品监督管理部门按照各自职责分工责令改正，没收违法所得，并处三万元以下罚款，向社会公告相关信息；拒不改正的，责令停止执业活动或者责令停止炮制中药饮片、委托配制中药制剂活动，其直接责任人员五年内不得从事中医药相关活动。

医疗机构应用传统工艺配制中药制剂未依照本法规定备案，或者未按照备案材料载明的要求配制中药制剂的，按生产假药给予处罚。

第五十七条　违反本法规定，发布的中医医疗广告内容与经审查批准的内容不相符的，由原审查部门撤销该广告的审查批准文件，一年内不受理该医疗机构的广告审查申请。

违反本法规定，发布中医医疗广告有前款规定以外违法行为的，依照《中华人民共和国广告法》的规定给予处罚。

第十四章　医疗机构执业中的合规

第一节　2019年至2020年北京和上海两地医疗机构行政处罚不完全数据分析

　　本书编辑组搜集和整理了2019年至2020年8月北京和上海两地与医疗机构相关的行政处罚案例共785例[1]。北京市495例，包括市级以及西城和朝阳两个区级的数据，其中卫生和健康委员会做出处罚案例475例，市场监督管理局8例，环保局9例，其他行政机构3例[2]。上海市290例，包括市级以及静安和浦东新区两个区级的数据，其中，卫生和健康委员会做出处罚案例277例，市场监督管理局9例，其他行政机构4例[3]。

　　这785例行政处罚案例是针对586家医疗机构做出的。从医疗机构类型的角度来分，包含的医疗机构类型主要为综合类医疗机构（包括门诊部、诊所等）255家、中医类医疗机构（包括中医诊所等）77家、口腔类医疗机构273家、医疗美容机构165家和其他类型医疗机构15家[4]。

---

① 　数据来源为市、区政府网站上的公开信息。

② 　包括区级应急管理局1例、区级文化委员会行政执法队1例，以及区级城市管理综合行政执法监督局1例。

③ 　包括区级城管执法局1例、消防支队2例、镇政府1例。

④ 　包括眼科类医疗机构11家、检测类医疗机构1家以及进行诊疗活动的养老院1家、护理院1家。

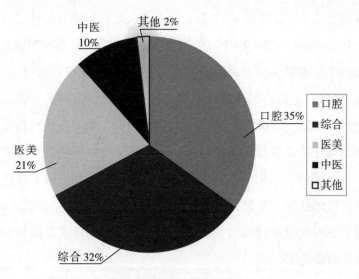

图14-1　医疗机构类型分布

从医疗机构性质的角度来分，针对公立医疗机构的处罚为66次，针对私立医疗机构的719次。其中除了1家公立养老院受到处罚外，其他受到处罚的公立医疗机构均系综合性医疗机构或中医类医疗机构。对这部分公立、私立医疗接受的处罚比例进行分析如图14-2所示。

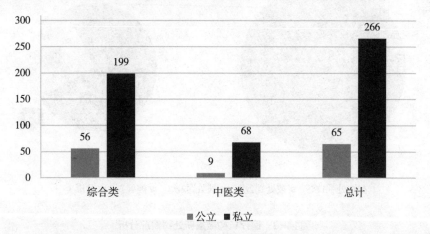

图14-2　公立、私立医疗机构比例分析

可以看出，综合类医疗机构中，私立医疗机构接受处罚的次数大约是公立医疗机构的4倍；而中医类医疗机构的差距更为显著，私立医疗机构接受处罚的次数超过了公立医疗机构的7倍；而两类医疗机构综合统计之后，该数据比例接近5倍。同时，《2019中国卫生健康统计年鉴》[①]公布的数据显示，北京市截至2018年底有各类公立医院217家，各类私立医院431家，私立医院约为公立医院的2倍；上海市截至2018年底有各类公立医院177家，各类私立医院181家，公立、私立医院数量大致相当。由此可知，私立医疗机构受到行政处罚的数量远高于公立医疗机构的情况，并不完全是由于两类医疗机构本身数量分布不均造成的。我们分析其原因，可能与公立医疗机构普遍存续时间较久、内部合规体系较为完善、合规意识较强以及在合规方面的投入较大有关。综合来看，比对公立医疗机构，目前私立医疗机构在合规方面有较大的提升空间和提升的必要性。

同时，前述统计期间内针对私立医疗机构做出的719次行政处罚，被处罚的私立医疗机构的数量为537家。被多次处罚的为134家，占比为25%；其中被处罚2次的94家，占比为18%；被处罚3次的34家，占比为6%；被处罚3次以上的占比1%[②]。

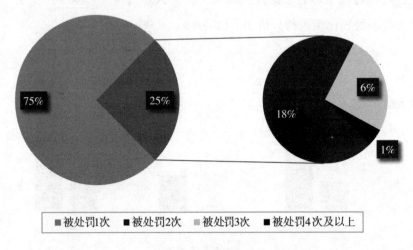

图14-3 医疗机构被重新处罚情况分析

---

① 可通过该网址https://data.cnki.net/area/Yearbook/Single/N2020020200?z=D09访问

② 包括被处罚4次的4家，被处罚5次的2家。其中被处罚5次的为1家口腔类医疗机构，1家医美类医疗机构。

可以看出，短时间内被重复处罚的情况在私立医疗机构中是较为普遍的。我们还注意到，部分医疗机构是由于相同或类似的处罚事由被多次处罚，如某家在统计期间内被处罚5次的口腔类医疗机构，其中三次都是因为放射诊疗相关的问题。由此可见，部分私立医疗机构在受到行政处罚之后并未及时开展内部的合规梳理和纠正工作，对合规问题的重视程度和应对的专业能力亟待提高。

从现有数据看，私立医疗机构受到的行政处罚方式主要包括：警告、通报批评、责令限期改正、罚款、没收违法所得、没收违法物品、取缔、责令停止活动。在针对私立医疗机构的718例能够查询到处罚方式的案例中，单处罚款的149例、单处警告的159例，其余均为多种处罚方式并用，适用较多的包括：警告并罚款168例、警告并责令限期改正119例、警告并罚款并责令限期改正48例。其中，处以罚款（包括单处及并处）的共428例，平均罚款金额约为13941元。

表14-1　处罚事由、案例数及平均罚款数额汇总表

处罚事由	案例数	平均罚款数额（元）
医疗废物及污水处理相关违规	180	7452.55
放射诊疗相关违规	102	3608.16
病历管理相关违规	71	14988.76
院内消毒工作相关违规	70	2975.00
护士执业相关违规	53	
传染病防治相关违规	52	
人员资质不全	44	2582.95
医疗机构资质不全	41	7627.50
药品管理相关违规	26	4864.00
诊疗活动超出登记范围	21	2631.58
违规宣传	14	215846.15
医疗器械管理相关违规	14	
病原微生物实验室相关违规	7	
未按要求禁烟	5	3000.00

处罚事由	案例数	平均罚款数额（元）
发生医疗事故	2	
管理制度不完善	2	20000.00
人类辅助生殖相关违规	2	5000.00
其他	13	7777.78

可以看出，处罚案例数最多的为医疗废物及污水处理相关违规（共计180例）、放射诊疗相关违规（102例），以及病历管理相关违规（71例）；而处罚金额最高的为违规宣传（平均215846.15元）、管理制度不完善（平均20000.00元），以及病历管理相关违规（平均14988.76元）。

第二节　医疗机构资质不全相关处罚

本次数据中，医疗机构资质不全相关处罚共41例（约占5.7%），其中针对口腔类医疗机构6例，医美类医疗机构7例，综合类医疗机构25例，中医类医疗机构2例，其他（检测机构）1例。该类处罚主要适用取缔、罚款、警告、没收违法所得等处罚形式，平均罚款金额约为7627元。

一、无证执业相关合规分析

在前述41例该类行政处罚中，有36例涉及未取得《医疗机构执业许可证》擅自执业的情况[①]，因此，以下内容着重对该类合规问题进行分析。

《医疗机构管理条例》第四十四条规定："违反本条例第二十四条规定，未取得《医疗机构执业许可证》擅自执业的，由县级以上人民政府卫生行政部门责令其停止执业活动，没收非法所得和药品、器械，并可以根据情节处以1万元以下的罚款。"该条为行政机构对医疗机构进行该类合规处罚的主要依据。本次数据针对无证执业的36例行政处罚中，有34例是依据该条款做出

---

① 其他涉及的情况还包括：不符合条件的医疗机构擅自从事精神障碍诊断、治疗。

的处罚，平均罚款金额约为4472元。

然而2019年12月28日通过，2020年6月1日起施行的《中华人民共和国基本医疗卫生与健康促进法》第九十九条第一款规定："违反本法规定，未取得医疗机构执业许可证擅自执业的，由县级以上人民政府卫生健康主管部门责令停止执业活动，没收违法所得和药品、医疗器械，并处违法所得五倍以上二十倍以下的罚款，违法所得不足一万元的，按一万元计算。"该条直接将无证执业的最低罚款额度调整为5万元，相当于依据《医疗机构管理条例》做出处罚的最高额度的五倍，同时上不封顶根据违法所得进行5至20倍惩罚性罚款。由此可见，《基本医疗卫生与健康促进法》对医疗机构无证执业的严厉打击态度。在该条规定发布之后，本书编写组即分析相关部门针对医疗机构的该类违法情况，其处罚力度必将在短期内加强。本次的数据恰恰印证了我们的分析，在针对无证执业的36例行政处罚中，已经有2例是依据《基本医疗卫生与健康促进法》第九十九条第一款做出的处罚，该两例处罚均发生在北京市，一例罚款75000元，一例罚款50000元，是依据医疗机构管理条例进行适用罚金的十余倍。

二、医疗机构托管、合作经营的合法性探讨

医疗机构托管在实践中存在时间已经不短，截至2020年，仍然不断有医院持续达成托管协议，医疗机构托管仍然是医疗机构体制改革的热点之一。但是，由于现行法规对于医疗机构托管的规定尚不完善，和托管有关的很多问题并不明确，医疗机构托管尚存在一定的法律风险，以下内容将对医疗机构托管的合规性进行有限的分析。

（一）医疗机构托管行为的合法性

2013年国务院出台《国务院关于促进健康服务业发展的若干意见》，在大力发展医疗服务方面，意见指出："鼓励企业、慈善机构、基金会、商业保险机构等以出资新建、参与改制、托管、公办民营等多种形式投资医疗服

务业。"

2015年国务院出台《国务院办公厅印发关于促进社会办医加快发展若干政策措施的通知》，"鼓励具备医疗机构管理经验的社会力量通过医院管理集团等多种形式，在明确责权关系的前提下，参与公立医疗机构管理"。

2017年国务院出台《国务院办公厅关于支持社会力量提供多层次多样化医疗服务的意见》，"鼓励公立医院与社会办医疗机构在人才、管理、服务、技术、品牌等方面建立协议合作关系，支持社会力量办好多层次多样化医疗服务"。

从国务院接连出台的意见中，可以看出国家鼓励和支持通过医院托管、社会力量参与医疗机构管理、公立与民营医院合作办医等方式促进医疗服务。医院托管在符合一定条件的情况下是合法可行的。

（二）违法的医疗机构托管模式

虽然国家鼓励医院托管形式发展医疗服务，但是，不是所有形式的托管都符合现有的法律规定。

1. 科室租赁属于法律明令禁止的行为

《卫生部关于对非法采供血液和单采血浆、非法行医专项整治工作中有关法律适用问题的批复》中指出，"非本医疗机构人员或者其他机构承包、承租医疗机构科室或房屋并以该医疗机构名义开展诊疗活动的，按照《医疗机构管理条例》第四十四条规定予以处罚""医疗机构将科室或房屋承包、出租给非本医疗机构人员或者其他机构并以本医疗机构名义开展诊疗活动的，按照《医疗机构管理条例》第四十六条规定予以处罚"。

此外，在《国务院办公厅关于支持社会力量提供多层次多样化医疗服务的意见》中，国务院也提出要"严肃查处出租承包科室"的行为。

2019年《基本医疗卫生与健康促进法》第三十九条第四款规定："医疗卫生机构不得对外出租、承包医疗科室。"通过法律的形式明令禁止出租承包医疗科室的行为。

综上，因法律已经明确禁止科室出租、承包，医院在实践中须避免达成此类托管形式。

2. 医疗机构整体托管协议的效力问题

租赁医疗机构的科室属于法律禁止的行为，基于国家鼓励医院托管、合作经营的政策，对医院整体进行托管是否就符合法律规定，不存在法律风险呢？目前看来，还无法下此定论。

以"医疗机构托管"或"医院托管"作为检索词检索近两年的案例，发现托管合同的效力问题是此类纠纷的一个重要的争议点，而是否违反法律、行政法规的强制性规定成为判定托管合同是否有效的关键。与医院托管有关的法律法规强制性规定主要见于《医疗机构管理条例》《医疗机构管理条例实施细则》《中华人民共和国基本医疗卫生与健康促进法》等规定中。

《医疗机构管理条例》第二十三条第一款规定："《医疗机构执业许可证》不得伪造、涂改、出卖、转让、出借。"《基本医疗卫生与健康促进法》第三十八条第二款规定："医疗机构依法取得执业许可证。禁止伪造、变造、买卖、出租、出借医疗机构执业许可证。"

因此，托管行为是否涉及"买卖、出租、出借、转让医疗机构执业许可证"的判断，决定了托管协议的有效性，也决定了托管行为的合法性。如何判断医院托管是否属于"买卖、出租、出借、转让医疗机构执业许可证"的情形，目前尚无明确的法律规定作为依据，判断标准现在还比较模糊，因此，我们现阶段可以参考近两年相关案例的判决意见。由于国家鼓励公立医院与民办医院建立合作协议，且医院间的托管因双方均具有《医疗机构执业许可证》，一般不会涉及触犯上述《医疗机构管理条例》《基本医疗卫生与健康促进法》的规定的问题，因此，以下案例主要针对非医疗机构托管医疗机构的情况。

案例一：林某、昭通市昭阳区某生殖健康医院合同纠纷案

2016年11月1日，某医院与林某签订《昭通某生殖健康医院托管经营合同》约定："甲方某医院，乙方林某，担保方玛丽妇产医院海楼路分院，经双方协商一致，甲方将某医院交给乙方实行整体托管，医院托管后坚持三不变原则，即资产归属不变，独立法人不变，医院功能不变……乙方新投资形成的财产和产生的效益一律归乙方所有。托管期间，乙方独立经营，自负盈亏……"

关于《托管合同》是否无效的问题，二审法院认为："林某接管了某医院的经营权，以该院名义、资质、人员进行营业，并未变更机构名称，该院的资产归属不变、独立法人不变、医院功能不变，该院的医疗机构执行许可证、工商营业执照、卫生技术人员的各种资质证明等由该院指派人员保管。《托管经营合同》的本质是某医院变更高级管理层，高级管理人员林某对某医院从行政上进行独立有效的行政管理，获得利益，并未改变某医院独立开展经营活动的本质。"因此，《托管合同》未违反《医疗机构管理条例》关于《医疗机构执业许可证》不得出卖、转让、出借的规定，合同有效。

案例二：黄某、朱某合同纠纷案

2018年10月1日，盐亭某医院投资人朱某作为委托方（甲方）与受托方（乙方）黄某签订《托管经营协议书》，约定托管方式为全托：甲方将盐亭现代医院所有科室的经营、事务管理、人员、设备等全部移交给乙方。乙方的权利义务：乙方享有医院经营管理权、人事权、资金使用支配权，甲方无权干涉。乙方承担乙方所使用的水、电、气及使用的员工工资、保险、税费等一切费用。乙方经营管理期间所产生的债权、债务由乙方承担，盈亏自行负责。

法院认为，根据协议约定，双方签订的《托管经营协议书》名为托管，实为承包经营，未违反《医疗机构管理条例》的禁止性规定，协议有效。

案例三：九江某医院与汤某、陈某合同纠纷案

2015年6月12日，原、被告签订《医院托管租赁合同》，约定：原告将某医院整体托管给两被告。合同签订生效后，原告应立即向有关部门申办《医疗机构执业许可证》、变更登记备案手续，将医院法定代表人以及负责人变更至被告指定的工作人员名下。

法院认为，双方签订合同后，被告经营期间，以某医院的名义、资质和人员对外经营，未改变某医院独立开展医疗活动的本质，不属于出卖、转让、出借《医疗机构执业许可证》的行为，并且，无禁止医疗机构承包经营的规定，合同有效。

案例四：北京和平天使医院管理有限公司与北京缘麦德森中医药科技有限公司联营合同纠纷案

2010年4月26日，中电建公司（甲方）与和平天使公司（乙方）就定福庄医院托管一事达成《托管协议》。2017年5月10日，和平天使公司（甲方）与缘麦德森公司（乙方）签订《股权转让合作协议书》，约定：甲方向乙方转让定福庄医院运营管理的80%股权。法院认为，和平天使公司与缘麦德森公司签订的《股权转让合作协议书》约定和平天使公司将其运营管理的北京定福庄医院的80%股份转让给缘麦德森公司，医院及社区服务站的收入、支出与运营管理由缘麦德森公司负责。

根据上述的约定，《股权转让合作协议书》的内容实际为和平天使公司向缘麦德森公司转让医疗机构许可证的行为。该合同违反了法律、行政法规强制性规定，应属无效。

案例五：上海丽宣医疗美容门诊部有限公司与上海一康实业发展有限公司确认合同效力纠纷案

2013年9月，上海丽宣医疗美容门诊部（甲方）与一康公司（乙方）签订《医疗机构托管协议》，约定由甲方全权委托乙方管理门诊部，甲方原聘请工作人员由乙方接管。甲方同意乙方因经营需要变更门诊部名称、变更科室、变更地址、申请医疗广告证等。乙方在经营管理中必须按照规定聘用有资质的医护人员。

法院认为，被告一康公司不具有医疗诊疗活动的经营范围，未取得《医疗机构执业许可证》。但是根据双方签订的《医疗机构托管协议》，原告作为医疗机构向被告提供医疗机构执业资质、证件、场地、设备后，由被告以原告的名义开展诊疗活动，被告自行聘用医护人员，执行独立的核算、自负盈亏，原告通过向被告收取管理费的方式获取相应的利益。因此，双方签订托管协议，虽名为"托管"，本质上属于丽宣公司出借《医疗机构执业许可证》给一康公司，违反了《医疗机构管理条例》的相关规定，托管协议无效。

案例六：任某、博罗协和医院有限公司合同纠纷

惠州市康健医疗管理有限公司（博罗协和医院前身）与任某于2013年10月30日签订《医院进场协议》，协议约定，医院的经营管理权托管给任某，该公司负责办齐医院执业所需的全部资质证件，将医院所有场所、设备、资质证件交付给任某，任某负责招聘人员开展医疗执业经营。

再审法院认为《医院进场协议》名义上是托管约定，实质是医院取得《医疗机构执业许可证》后本身不开展诊疗活动，以收取固定托管费为对价向任某出借《医疗机构执业许可证》，由任某组织开展诊疗活动。协议内容违反《医疗机构管理条例》的规定，合同无效。

综上，虽然上述案例并没有给出明确的客观标准，用以判断哪种"托管"行为属于"出租、出借、转让《医疗机构执业许可证》"的行为，但是，这些案例仍然具有一定的指引性。从这些案例的判决中，我们倾向认为：第一，对于医院整体托管的情况，如果协议明确约定医院名称、资质、人员等均不变，托管事项仅仅涉及经营管理，没有改变医院独立开展医疗活动的本质，此种托管行为一般不会被法院认定为"出租、出借、转让《医疗机构执业许可证》的行为"，如无其他合同无效的事由，托管协议一般被判定有效；第二，如果托管协议约定受托人可以变更机构名称、变更科室、自行聘用医护人员等，此种约定则可能被法院认定为出租、出借《医疗机构执业许可证》，从而违反《医疗机构管理条例》，合同无效。

托管协议被认定为无效后，协议当事人一方面因合同无效需承担相应的民事责任；另一方面，也因为违反了《医疗机构管理条例》《基本医疗卫生与健康促进法》等法律法规的规定可能受到行政处罚。因此，医院在与非医疗机构达成整体托管协议的时候，需要严格把握协议内容，规范托管行为，避免相应的法律风险。

第三节　医疗废物、废水处理中的合规问题

遭遇新冠肺炎疫情以来，对医疗设备与医疗耗材的需求迅速上涨，医疗废水的排放量同样大幅度上升。口罩被随手丢弃，防护服供不应求，医疗用水持续不断，大量的医疗物资被快速消耗。由此，医疗废物与医疗废水的处置问题引起了公众以及相关部门的关注。医疗废物及废水处置不当，将会造成疫情的二次传播或者土壤环境的病毒污染。此次疫情导致的医疗用品与用水的大量消耗，为医疗废物及废水的合规处置带来了新的挑战。

一、医疗废物与废水的内涵及危害

《控制危险废物越境转移及其处置的巴塞尔公约》（简称"巴塞尔公约"）的附件中，将"从医院、医疗中心和诊所的医疗服务中产生的临床废物"（Clinical wastes from medical care in hospitals, medical centers, and clinics）归类为该公约应加控制的危险废物类别之中。医疗废物是具有一定危险性的特殊废弃物，因其可能具有感染性或化学性等特质，或含有大量的致病性病毒，而存在空间污染或急性、潜伏性传染等隐患。医疗废物如处理不当，将造成大气、水源，甚至土地污染。因此，在新冠肺炎疫情防控常态化的背景下，有关医疗废物处置的法律和政策密集出台，卫生行政部门亦从处置行为、处置结果角度大力监管。医疗废物能否得到正确处置，已经成为公众健康相关的社会焦点问题。

相比医疗废物，医用废水的危害程度更为显著。医疗机构在运行过程中，不可避免地会产生大量医疗废水。这些废水通常含有具直接或间接的感染性或损伤性，或其他的危害性成分。同时，水又具有流动范围广、渗透力强等

特性，如不从源头对医疗废水的排放进行无害化处置，导致未达排放标准的废水流入自然环境，将造成对水源的大面积污染破坏，对土地的渗透及隐性伤害，甚至造成大气的放射性、感染性损害。无论是废水中含有的病原体的感染性传播，还是有害性化学物质的大范围污染，都将造成对周围环境及人体的不可逆转性伤害，危害程度极高。

二、相关行政处罚的数据比较分析

本次不完全统计的北京、上海两地针对民营医疗机构做出的719例行政处罚数据中，对医疗废物或医疗废水违法处置的行政处罚共有180条。

相对而言，对医疗废物的正当处置需要进行收集、贮存、运送、处理等一系列行为，相关工作人员或贮存设备均易被检查巡视。对进行监督管理的工作人员来讲，医疗废物的违规处置容易被监督检查，并进行规范管理。相反，对医疗废水进行无害化处置则主要依靠在源头处对污水进行消毒处理。未经处理机构的许可，卫生行政监管人员难以对医疗机构内部的消毒处理设备或操作是否符合规定的标准进行日常性监督检查。并且，对医疗废水违规排放的认定需要具备专业的知识技能及检验设备，医疗废水对环境的损害后果也具有极强的滞后性、隐蔽性以及累积性。因此，医疗废水的违规排放难以在第一时间被卫生行政相关人员排查认定。相较医疗废物行政处罚的数例，医疗废水的行政处罚记录则明显数量较少。[①]

从处罚方式来看，对医疗废物与废水的处罚包括警告、罚款、责令限期改正、吊销许可证等在内的方式。其中，罚款为较普遍的处罚方式。上述行政处罚统计中，共有100条记录显示有关部门对违法主体适用了罚款的行政处罚（包括单独适用和合并适用），占据了全部行政处罚的55.6%。究其原因在于，罚款是一种惩处程度尚轻的处罚方式，其并未对违法主体的经营资质进行限制，也未对违法主体的经营活动产生强制性的影响。但罚款处罚仍具有

---

① 数据来源：由作者归纳整理。

一定程度的警告性与惩罚性，惩罚的轻重程度属于卫生行政机关自由裁量的范围，能够起到灵活平衡市场经营行为与保护医疗卫生法益的作用，适用范围较为广泛。[①]

从罚款金额来看，上述56条对违法主体的罚款处罚记录中，有关卫生行政机关对违规处置医疗废物的医疗机构处以的罚款金额共计191600元，对违规处置医疗废水的医疗机构处以的罚款金额共计42250元。平均计算，关于医疗废物的各例处罚平均罚款金额约为4165元，关于医疗废水各例处罚的平均罚款金额约为4694元。

相比平均罚款金额，北京市卫生行政主管部门对医疗废物与废水相关的罚款处罚共计19例，平均每例罚款4158元。上海市的相关罚款处罚共计37例，平均每例7023元。由此看出，北京市的医疗废物废水处置领域的运行更加规范化、完备化，较少发生不当处置现象。并且，北京市卫生行政主管部门出具的罚款处罚金额偏低，原因不乏北京市的医疗卫生机构的违法情节轻微、违法所得较低、造成的不良社会影响较小、卫生行政部门处罚力度尚轻等多种因素。具体原因尚有待进一步的研究。

三、医疗废物及废水的合法处置依据的法条

通过梳理已公开的对医疗废物及废水不当处置的行政处罚案例，本书列出了本领域常见的易为医疗卫生机构所违反的相关规定条文，并归纳为表14-4，以资医疗卫生机构特别注意合规管理。

表14-4　易为医疗卫生机构所违反的相关规定条文

违法类别	文件类别	文件名称	涉及法条	主要内容
	行政法规	医疗废物管理条例	第七条	医疗卫生机构和医疗废物集中处置单位，应当建立、健全医疗废物管理责任制，防止因医疗废物导致传染病传播和环境污染事故。

① 数据来源：由作者归纳整理。

违法类别	文件类别	文件名称	涉及法条	主要内容
违法处置医疗废物所涉及的法律条文	部门规章	医疗卫生机构医疗废物管理办法	第八条	医疗卫生机构发生因医疗废物管理不当导致1人以上死亡或者3人以上健康损害，需要对致病人员提供医疗救护和现场救援的重大事故时，应当在12小时内向所在地的县级人民政府卫生行政主管部门报告，采取相应紧急处理措施。
			第九条	医疗卫生机构应当根据医疗废物分类收集、运送、暂时贮存及机构内处置过程中所需要的专业技术、职业卫生安全防护和紧急处理知识等，制订相关工作人员的培训计划并组织实施。
			第十条	医疗卫生机构应当根据《医疗废物分类目录》，对医疗废物实施分类管理。
			第十一条	医疗卫生机构应当根据医疗废物的类别，将医疗废物分置于符合规定的包装物或者容器内，及时分类收集医疗废物。
			第十四条	包装物或容器的外表面被感染性废物污染时，应当对被污染处进行消毒处理或者增加一层包装。
			第十六条	运送人员每天从医疗废物产生地点将分类包装的医疗废物按照规定的时间和路线运送至内部指定的暂时贮存地点。
			第十七条	运送人员在运送医疗废物前，应当检查包装物或者容器的标识、标签及封口是否符合要求，不得将不符合要求的医疗废物运送至暂时贮存地点。
			第十八条	运送人员在运送医疗废物时，应当防止造成包装物或容器破损和医疗废物的流失、泄漏和扩散，并防止医疗废物直接接触身体。
			第二十一条	医疗卫生机构建立的医疗废物暂时贮存设施、设备应当： 1.有严密的封闭措施，设专（兼）职人员管理，防止非工作人员接触医疗废物； 2.有防鼠、防蚊蝇、防蟑螂的安全措施； 3.设有明显的医疗废物警示标识和"禁止吸烟、饮食"的警示标识。

违法类别	文件类别	文件名称	涉及法条	主要内容
违法处置医疗废物所涉及的法律条文	部门规章	医疗卫生机构医疗废物管理办法	第三十九条	医疗卫生机构有： 1. 未建立、健全医疗废物管理制度，或者未设置监控部门或者专（兼）职人员的； 2. 未对医疗废物进行登记或者未保存登记资料的； 3. 未对机构内从事医疗废物分类收集、运送、暂时贮存、处置等工作的人员和管理人员采取职业卫生防护措施的； 4. 未对使用后的医疗废物运送工具及时进行清洁和消毒的， 由县级以上地方人民政府卫生行政主管部门给予处罚。
			第四十条	医疗卫生机构有： 1. 医疗废物暂时贮存地点、设施或者设备不符合卫生要求的； 2. 未将医疗废物按类别分置于专用包装物或者容器的，由县级以上地方人民政府卫生行政主管部门给予处罚。
			第四十一条	医疗卫生机构在医疗卫生机构内丢弃医疗废物和在非贮存地点倾倒、堆放医疗废物或者将医疗废物混入其他废物和生活垃圾的，由县级以上地方人民政府卫生行政主管部门给予处罚。
违法处置医疗废水所涉及的法律法条	行政法规	医疗废物管理条例	第二十条	医疗卫生机构产生的：1. 污水；2. 传染病病人或者疑似传染病病人的排泄物，应当按照国家规定严格消毒；达到国家规定的排放标准后，方可排入污水处理系统。
		城镇排水与污水处理条例	第二十一条	排水户应当按照污水排入排水管网许可证的要求排放污水。
	部门规章	消毒管理办法	第八条	医疗卫生机构的环境、物品应当符合国家有关规范、标准和规定。 排放废弃的污水、污物应当按照国家有关规定进行无害化处理。 运送传染病病人及其污染物品的车辆、工具必须随时进行消毒处理。

通过整理卫生行政主管部门对医疗废物与废水领域的行政处罚所依据的相关规定，医疗卫生机构应特别注意的法律义务主要分为五个部分。

第一，医疗卫生机构有对医疗废物进行分类管理的责任。医疗卫生机构应当严格依照相关管理规定，对医疗废物实施分类收集，并根据不同类别将医疗废物分置于不同的包装物或容器内。在对废物进行分类分置后，医疗卫生机构应当对医疗废物进行登记，并妥善保存登记资料。

第二，医疗卫生机构有对医疗废物进行贮存处置的责任。首先，医疗卫生机构应当建立、健全医疗废物管理责任，落实医疗废物贮存处置的责任链条，明确各环节的相关责任人员。其次，医疗卫生机构应当建立封闭严密、有防鼠、蚊蝇、蟑螂等安全措施及警示标识的暂时贮存设施、设备，并将医疗废物分类置于贮存设施、设备内，加以管控。医疗卫生机构内外人员均不得在非贮存地点倾倒、堆放医疗废物，不得将医疗废物混入其他废物或生活垃圾，以免他人误触。再次，医疗卫生机构应当及时对被感染性废物污染处进行消毒处理或增加一层包装，以免造成由感染性废物导致病原体二次传播。最后，医疗卫生机构应当在发生由医疗废物管理不当导致的人员健康受损情形时，及时报告有关部门并采取相应紧急处理措施。

第三，医疗卫生机构有对医疗废物严格依规运送的责任。医疗废物运送人员应当每天从废物的产生地点，按照规定的时间路线，将医疗废物运送至指定贮存地点。在运送医疗废物前，运送人员应当事先检查废物的包装是否符合要求；在运送医疗废物时，运送人员应当防止废物包装物破损，避免医疗废物的流失、泄漏或扩散，并严防医疗废物直接接触身体；在运送医疗废物后，运送人员应当及时对运送工具进行清洁和消毒，保证医疗废物可能接触的部分彻底清理干净。此外，有关工作人员运送医疗废物的全过程均应在医疗卫生机构采取的职业卫生防护措施的保护之下进行。

第四，医疗卫生机构有对排放的废弃污水、污物进行无害化处理的责任。医疗卫生机构应当严格按照国家规定，对医学活动过程中产生的污水进行无害化处理，对传染病病人或者疑似传染病病人的排泄物进行消毒措置。在废弃污水、污物达到国家规定的排放标准后，医疗卫生机构方可将其排入污水处理系统，继而进入海洋、大气等自然循环。

第五，医疗卫生机构有对医疗废物领域的管理知识进行培训的责任。医疗卫生机构应当定期组织相关工作人员，为其培训医疗废物分类、运送、贮存，以及处置过程中所需的技术知识，提高其对自身防护及紧急事故的处理等能力。

四、医疗废物废水行政处罚大额罚款案例事由分析

根据整理的数据可知，近年来北京市与上海市的46条针对医疗废物处置问题予以罚款处罚的记录中，医疗卫生机构被处以的罚款金额从人民币2000元至人民币11000元不等。平均罚款金额约为4165元，多数集中于3000元至5000元区间。

其中，两项较大罚款处罚的金额均为11000元。相同之处在于，这两项行政处罚，均为对医疗卫生机构的多项违规行为的处罚竞合。其中一例为上海市浦东新区卫生健康委员会针对上海某医疗美容门诊部有限公司做出的行政处罚，包括：第一，该医疗卫生机构未对医疗废物进行登记；第二，该医疗卫生机构未使用符合标准的运送工具运送医疗废物；第三，该医疗卫生机构将医疗废物混入生活垃圾；共三项事由的行政处罚竞合（行政处罚决定书文号：浦第2120195101号）。另一例大额罚款处罚为上海市静安区卫生健康委员会对上海某门诊部有限公司做出的包括贮存设施不符合卫生要求、将医疗废物混入其他废物和生活垃圾两项事由在内的处罚（行政处罚决定书文号：静第22120195020号）。

平均来看，卫生行政主管部门对单独各项违规行为予以罚款处罚的平均金额处于3000至5000元区间。新冠肺炎疫情防控背景下，医用物资大量消耗，病毒传播隐患尚存，相关政策紧密出台。医疗卫生机构更应严格依照相关规定对医疗废物处置加强全流程管控，避免造成法律风险与抗疫风险并致的不

良局面。

北京市和上海市对医疗废水相关的罚款处罚事由仅为两类，其中90%的罚款事由均为"排放的废弃污水、污物未按照国家有关规定进行无害化处理"，即医疗机构排放的污水污物在未达到国家规定的排放标准时，便排入了污水处理系统。污水污物中的未达标物质造成了短期的或潜在的环境污染，大幅提高了环境整治的治理成本。该项罚款处罚事由占据了全部相关罚款处罚的绝大比例。另外，该事由的罚款金额较为平均。

另有10%的医疗废水相关罚款处罚事由，为私立医疗机构违反了污水排放要求，违规排放污水。例如，上海某安医院有限公司于2019年11月19日在浦东新区惠南镇南团公路8号实施了违规排放污水的行为，违反了"排水户应按照污水排入排水管网许可证的要求排放污水"的要求。上述事实有相关证据充分佐证。上海市浦东新区卫生健康委员会认为该医疗机构的行为违反了《城镇排水与污水处理条例》第二十一条第二款的规定，并依据《城镇排水与污水处理条例》第五十条第二款，对该机构做出了罚款人民币壹拾万零伍仟元整（105000.00元），并吊销城镇污水排入排水管网许可证的行政处罚。

根据《城镇排水与污水处理条例》第五十条，"排水户不按照污水排入排水管网许可证的要求排放污水……造成严重后果的，吊销污水排入排水管网许可证，并处5万元以上50万元以下罚款……"不按照许可证要求进行排水，侵害了医疗机构合规开展医学活动的社会法益，是明知不当为而为之的主观故意行为。无论是行为人初始的主观意图，还是该行为所导致的社会影响均更为恶劣。同时，《城镇排水与污水处理条例》亦对违反许可证要求排放污水造成严重后果的行为，加大了处罚力度，以达到震慑不法行为人的法律效果。因此，于情于理，卫生行政主管部门对该事项的罚款力度要显著高于对其他事由的罚款处罚力度。具备污水排入排水管网许可证的卫生机构，需着重注意自身排水活动，禁绝违规排放污水的行为。

卫生行政主管部门对医疗废水的违规处置进行处罚的依据包括：《医疗废物管理条例》第四十七条，"医疗卫生机构、医疗废物集中处置单位有下列情形之一的，由县级以上地方人民政府卫生行政主管部门或者环境保护行政主管部门按照各自的职责责令限期改正，给予警告，并处5000元以上1万元以下的罚款；逾期不改正的，处1万元以上3万元以下的罚款"；《城镇排水与污水处理条例》第五十条，"违反本条例规定，排水户不按照污水排入排水管网许可证的要求排放污水的，由城镇排水主管部门责令停止违法行为，限期改正，可以处5万元以下罚款；造成严重后果的，吊销污水排入排水管网许可证，并处5万元以上50万元以下罚款"；《医疗卫生机构医疗废物管理办法》第四十一条，"医疗卫生机构违反《医疗废物管理条例》及本办法规定，有下列情形之一的，由县级以上地方人民政府卫生行政主管部门责令限期改正，给予警告，并处5000元以上1万元以下的罚款；逾期不改正的，处1万元以上3万元以下的罚款"；《消毒管理办法》第四十一条，"医疗卫生机构违反本办法第四、五、六、七、八、九条规定的，由县级以上地方卫生计生行政部门责令限期改正，可以处5000元以下罚款；造成感染性疾病暴发的，可以处5000元以上20000元以下罚款"。

上述执法依据中均具备对于罚款的处罚规定，因此，卫生行政主管部门在对违规处置医疗废水行为进行处罚时，亦具有对于罚款处罚的法理依据。尤其是对于造成严重后果的违规行为，依据相关法规，卫生行政主管部门应在警告或吊销许可证外，对违法主体另行做出罚款处罚。因此，对于医疗废水相关的违规行为，卫生行政主管部门均会做出数额不等的罚款处罚决定。

五、相关意义

医疗废物与废水能够得到正确处置，是保障公众健康安全的重要防线。遭遇新冠肺炎疫情以来，国家有关部门相继出台应对重大传染病疫情的医疗废物管理等一系列鼓励政策，以推动医疗废物废水处置能力的提质增效。我国卫生行政机关在应对此次新冠肺炎疫情过程中出台的相关文件，对于疏导医疗废物及废水领域的处置需求，以及规避医疗卫生机构的法律风险具有长远意义。

第四节 违规宣传以及欺诈的合规问题

一、违规宣传相关处罚综述

如前所述，719例针对私立医疗机构的行政处罚中，仅有14例与违规宣传相关，仅占统计数据的1.95%，但此14例处罚均适用了罚款，且涉及的罚款金额总计达到280.6万元，占全部罚款金额（5632123元）的49.82%。

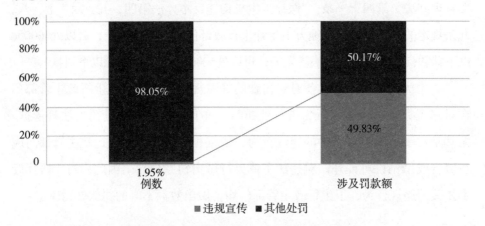

图14-4 违规宣传相关处罚例数及罚金分析

由此可见，由于私立医疗机构违规宣传引发的行政处罚，其特点是数量较少，但罚款金额巨大。同时，该14例违规宣传相关的案例均来自上海市，可见上海市对医疗机构违规宣传的监管力度是大于北京市的。14例中包括综合类医疗机构1家，中医类医疗机构1家，眼科类医疗机构1家，口腔类医疗机构4家，以及医美类医疗机构7家。可见，口腔类医疗机构和医美类医疗机构相对于其他类型的私立医疗机构，属于违规宣传类行政处罚的重灾区。因此，上海的私立医疗机构，以及口腔类和医美类的私立医疗机构应当重视违规宣传问题，以避免产生高额的罚金。

另外，从做出该14例处罚的行政部门来分析，其中7例由医疗机构所在地卫生健康委员会做出，其余7例由市场监督管理局做出，因此，卫健委和市场监督管理局均是违规宣传行政处罚的适格行政主体。其差别在于，卫健委做出的违规宣传类行政处罚主要因医疗机构违反《中华人民共和国广告法》第十五条第一款、第十六条、第十七条之规定，依据《中华人民共和国广告法》第五十七条第二项、第五十八条第一项第十四项，以及《医疗广告管理办法》第二十二条之规定做出。市场监督管理局除了依据前述法律法规之外，还可见因医疗机构违反《中华人民共和国广告法》第九条、《中华人民共和国价格法》第十四条第四项之规定，依据《中华人民共和国广告法》第五十五条、《价格违法行为行政处罚规定》第七条之规定做出行政处罚。具体违规宣传类处罚详情及法律依据见表14-5。

表14-5　违规宣传类处罚详情及法律依据

被处罚的医疗机构类型	处罚结果	违反法律条款	做出处罚的部门
综合类医疗机构	罚款500000元	违反《中华人民共和国广告法》第十五条第一款，发布处方药广告、药品类易制毒化学品广告、戒毒治疗的医疗器械和治疗方法广告	上海市浦东新区卫生健康委员会
口腔类医疗机构	罚款10000元	违反《医疗广告管理办法》，发布的医疗广告的内容，与《医疗广告审查证明》所核准的广告成品样件内容不一致	上海市浦东新区卫生健康委员会
医美类医疗机构	罚款500000元	违反《中华人民共和国广告法》第十五条第一款，发布处方药广告、药品类易制毒化学品广告、戒毒治疗的医疗器械和治疗方法广告	上海市浦东新区卫生健康委员会
口腔类医疗机构	罚款1000元	违反《中华人民共和国广告法》第四十六条，未取得《医疗广告审查证明》而发布医疗广告	上海市浦东新区卫生健康委员会
医美类医疗机构	罚款500000元	违反《中华人民共和国广告法》第十五条第一款，发布处方药广告、药品类易制毒化学品广告、戒毒治疗的医疗器械和治疗方法广告	上海市浦东新区卫生健康委员会

被处罚的医疗机构类型	处罚结果	违反法律条款	做出处罚的部门
医美类医疗机构	罚款 255000 元	违反《中华人民共和国广告法》第九条第（八）项规定，发布广告含有淫秽、色情、赌博、迷信、恐怖、暴力的内容	上海市浦东新区卫生健康委员会
中医类医疗机构	1. 责令停止发布并在相应范围内消除影响；2. 罚款 100000 元	违反《中华人民共和国广告法》第十六条（含有表示功效、安全性的断言或者保证）、四十六条（发布保健食品广告内容未经广告审查机关审查）	上海市浦东新区卫生健康委员会
医美类医疗机构	罚款 10000 元	违反《中华人民共和国广告法》第十七条，除医疗、药品、医疗器械广告外，禁止其他任何广告涉及疾病治疗功能，并不得使用医疗用语或者易使推销的商品与药品、医疗器械相混淆的用语	上海市浦东新区市场监督管理局
眼科类医疗机构	罚款人民币 50000 元	违反《中华人民共和国广告法》第十六条，《医疗广告管理办法》，未在发布前提交经广告审查机关审查批准，且含有表示功效、安全性的断言或者保证	上海市浦东新区市场监督管理局
医美类医疗机构	罚款人民币 30000 元	违反《中华人民共和国价格法》第十四条第（四）项，利用虚假的或者使人误解的价格手段，诱骗消费者或者其他经营者与其进行交易。	上海市浦东新区市场监督管理局
口腔类医疗机构	罚款 50000 元	违反《中华人民共和国价格法》第十四条第（四）项，利用虚假的或者使人误解的价格手段，诱骗消费者或者其他经营者与其进行交易	上海市浦东新区市场监督管理局
口腔类医疗机构	罚款（具体金额未公布）	违反《中华人民共和国价格法》第十四条第（四）项，利用虚假的或者使人误解的价格手段，诱骗消费者或者其他经营者与其进行交易	上海市浦东新区市场监督管理局
医美类医疗机构	罚款 300000 元	违反《中华人民共和国广告法》第九条第（七）项规定，发布广告妨碍社会公共秩序或者违背社会良好风尚的	上海市浦东新区市场监督管理局
医美类医疗机构	罚款 500000 元	违反《中华人民共和国广告法》第十五条第一款，发布处方药广告、药品类易制毒化学品广告、戒毒治疗的医疗器械和治疗方法广告	中国（上海）自由贸易试验区市场监督管理局

二、违规宣传案例分析

（一）案例一

2019年3月19日—2019年8月21日，当事人在其官网发布肉毒素瘦脸针广告，声称："上海哪家医院打瘦脸针好……当然要来上海××整形医院……××瘦脸针的优势：1.用于瘦脸的使用剂量仅仅是BOTOX安全剂量的百分之一，确保安全……"后因违反《中华人民共和国广告法》第十五条第一款规定，发布处方药广告、药品类易制毒化学品广告、戒毒治疗的医疗器械和治疗方法广告，而被罚款50万元。

分析：目前市面上美容整形使用的瘦脸针通用名称为注射用A型肉毒毒素，活性成分为A型肉毒梭菌毒素，最常见的品牌为BOTOX（中文名保妥适）。此类药品为处方药，且同时属于医疗用毒性药品中的毒性西药品种，因此依据《中华人民共和国广告法》第十五条第一款"麻醉药品、精神药品、医疗用毒性药品、放射性药品等特殊药品，药品类易制毒化学品，以及戒毒治疗的药品、医疗器械和治疗方法，不得作广告"之规定，该类药品不得进行广告宣传，如违反该规定，将会依据《中华人民共和国广告法》第五十七条之规定[①]，对广告主处二十万元以上一百万元以下的罚款，情节严重的，并可以吊销营业执照，由广告审查机关撤销广告审查批准文件、一年内不受理其广告审查申请；对广告经营者、广告发布者，由市场监督管理部门没收广

---

① 《中华人民共和国广告法》第五十七条　有下列行为之一的，由市场监督管理部门责令停止发布广告，对广告主处二十万元以上一百万元以下的罚款，情节严重的，并可以吊销营业执照，由广告审查机关撤销广告审查批准文件、一年内不受理其广告审查申请；对广告经营者、广告发布者，由市场监督管理部门没收广告费用，处二十万元以上一百万元以下的罚款，情节严重的，并可以吊销营业执照、吊销广告发布登记证件：（一）发布有本法第九条、第十条规定的禁止情形的广告的；（二）违反本法第十五条规定发布处方药广告、药品类易制毒化学品广告、戒毒治疗的医疗器械和治疗方法广告的；（三）违反本法第二十条规定，发布声称全部或者部分替代母乳的婴儿乳制品、饮料和其他食品广告的；（四）违反本法第二十二条规定发布烟草广告的；（五）违反本法第三十七条规定，利用广告推销禁止生产、销售的产品或者提供的服务，或者禁止发布广告的商品或者服务的；（六）违反本法第四十条第一款规定，在针对未成年人的大众传播媒介上发布医疗、药品、保健食品、医疗器械、化妆品、酒类、美容广告，以及不利于未成年人身心健康的网络游戏广告的。

告费用，处二十万元以上一百万元以下的罚款，情节严重的，并可以吊销营业执照、吊销广告发布登记证件。

（二）案例二

当事人于2019年12月5日，自行设计制作了广告样稿，通过其关联公司上海××医疗科技有限公司，与上海××网络科技有限公司签订广告发布合同，委托上海××网络科技有限公司发布标题为"××齿科"的医疗广告，并支付了广告费用300元。上述医疗广告于2019年12月7日起，在上海市浦东新区广兰路某小区的出入口"亲邻广告门"位置对外发布。上述医疗广告的内容，与当事人取得的《医疗广告审查证明》所核准的广告成品样件内容不一致。后因违反《医疗广告管理办法》被罚款1万元。

分析：《医疗广告管理办法》第三条规定："医疗机构发布医疗广告，应当在发布前申请医疗广告审查。未取得《医疗广告审查证明》，不得发布医疗广告。"第十七条规定："医疗机构应当按照《医疗广告审查证明》核准的广告成品样件内容与媒体类别发布医疗广告。医疗广告内容需要改动或者医疗机构的执业情况发生变化，与经审查的医疗广告成品样件内容不符的，医疗机构应当重新提出审查申请。"对于已经获得了《医疗广告审查证明》，但最终发布的广告内容、形式等与《医疗广告审查证明》所载不同的，《医疗广告管理办法》并未做出明确的处罚规定，实践中行政机构一般依据第二十二条[①]"法律法规没有规定的，工商行政管理机关应当对负有责任的广告主、广告经营者、广告发布者给予警告或者处以一万元以上三万元以下的罚款"之规定做出相应处罚。

---

① 《医疗广告管理办法》第二十二条　工商行政管理机关对违反本办法规定的广告主、广告经营者、广告发布者依据《广告法》《反不正当竞争法》予以处罚，对情节严重，造成严重后果的，可以并处一至六个月暂停发布医疗广告，直至取消广告经营者、广告发布者的医疗广告经营和发布资格的处罚。法律法规没有规定的，工商行政管理机关应当对负有责任的广告主、广告经营者、广告发布者给予警告或者处以一万元以上三万元以下的罚款；医疗广告内容涉嫌虚假的，工商行政管理机关可根据需要会同卫生行政部门、中医药管理部门做出认定。

（三）案例三

当事人于2017年4月17日成立，主要从事医疗美容的经营活动。2017年11月23日，当事人与大众点评网签订商户入驻服务合同，开始在大众点评网销售医疗美容服务产品。自2018年6月始，当事人在大众点评网站上发布"××瘦脸针"的注射类医疗美容产品信息。产品介绍页面写有"瘦脸针告别大饼脸+显现上镜小脸""肉毒素瘦脸+药品品牌 ×××× 药品剂量100""轻轻一针即刻瘦脸"的内容。"××瘦脸针"的通用名称为注射用A型肉毒毒素。上述产品网页内容均由当事人设计制作，完成后上传到大众点评网后台，经审核后发布。2019年7月29日，当事人删除了上述广告内容。后因违反《中华人民共和国广告法》第十五条第一款规定，发布处方药广告、药品类易制毒化学品广告、戒毒治疗的医疗器械和治疗方法广告，被罚款50万元。

分析：本例与案例一情况基本相同，属于违规发布医疗用毒性药品被处罚的情形，不同之处在于本例的信息发布地并非当事人自己运营的网站，而是在第三方平台进行了广告发布，并且在发布前经过了第三方平台的审核。由此可见，行政部门对于第三方平台发布的信息合规性同样重视（鉴于第三方平台强大的影响力，行政部门的监督力度可能更大），并且通过第三方平台的审核并不代表发布的广告就一定符合相关合规内容，因此医疗机构在第三方平台发布相关宣传内容时应当加强合规审查。

（四）案例四

上海××医疗美容医院有限公司在天猫旗舰店某医疗服务旗舰店的"私密种植比基尼种植乌黑浓密种植"产品中发布"有害"与"古语说私密无毛妨祖克夫"等文字和图片。在某网站发布含有"810波长与755波长相结合，100%毛发清除率"以及"经过10000多例临床认证……直击肌肤敏感根源上有效率高达98%以上"等内容。在微信公众号（shhuamei021）上发布含有"上海××医疗美容医院，是我国三级（最高级设置）整形外科医院……"等内容。在某网站发布含有"上海××医院齿科""牙齿矫正"等。为推广"12星座傲女王"丰胸活动，在某网站上以弹出形式发布"12星座傲女王"，不能一键关闭。在某网站、微信号等中，用患者、卫生技术人员形象做宣传。在医疗广告的表现形式中含有医疗技术、诊断方法情形。后因违反《中华人民共和国广告法》第九条第（八）项规定，发布广告含有淫秽、色情、赌博、迷信、恐怖、暴力的内容，以及违反第十六条，发布治疗方法广告而被罚款25.5万元。

分析：《中华人民共和国广告法》第九条[①]规定，广告不得含有淫秽、色情、赌博、迷信、恐怖、暴力的内容。第十六条规定，医疗、药品、医疗器械广告不得含有下列内容：（一）表示功效、安全性的断言或者保证；（二）说明治愈率或者有效率；（三）与其他药品、医疗器械的功效和安全性或者其他医疗机构比较；（四）利用广告代言人作推荐、证明；（五）法律、行政法规规定禁止的其他内容。第四十四条规定，利用互联网发布、发送广告，不得影响用户正常使用网络。在互联网页面以弹出等形式发布的广告，应当显著标明关闭标志，确保一键关闭。本例中，相关医疗宣传涉及了功效及治愈率，违反了第十六条之规定；弹出的丰胸宣传图片被认定为包含色情内容，违反了第九条之规定，同时弹出框不能一键关闭，违反了第四十四条之规定。最终，行政部门依据《中华人民共和国广告法》第五十七条[②]第（一）

---

① 《中华人民共和国广告法》第九条　广告不得有下列情形：（一）使用或者变相使用中华人民共和国的国旗、国歌、国徽，军旗、军歌、军徽；（二）使用或者变相使用国家机关、国家机关工作人员的名义或者形象；（三）使用"国家级""最高级""最佳"等用语；（四）损害国家的尊严或者利益，泄露国家秘密；（五）妨碍社会安定，损害社会公共利益；（六）危害人身、财产安全，泄露个人隐私；（七）妨碍社会公共秩序或者违背社会良好风尚；（八）含有淫秽、色情、赌博、迷信、恐怖、暴力的内容；（九）含有民族、种族、宗教、性别歧视的内容；（十）妨碍环境、自然资源或者文化遗产保护；（十一）法律、行政法规规定禁止的其他情形。

② 《中华人民共和国广告法》第五十七条　有下列行为之一的，由市场监督管理部门责令停止发布广告，对广告主处二十万元以上一百万元以下的罚款，情节严重的，并可以吊销营业执照，由广告审查机关撤销广告审查批准文件、一年内不受理其广告审查申请；对广告经营者、广告发布者，由市场监督管理部门没收广告费用，处二十万元以上一百万元以下的罚款，情节严重的，并可以吊销营业执照、吊销广告发布登记证件：（一）发布有本法第九条、第十条规定的禁止情形的广告的；（二）违反本法第十五条规定发布处方药广告、药品类易制毒化学品广告、戒毒治疗的医疗器械和治疗方法的；（三）违反本法第二十条规定，发布声称全部或者部分替代母乳的婴儿乳制品、饮料和其他食品广告的；（四）违反本法第二十二条规定发布烟草广告的；（五）违反本法第三十七条规定，利用广告推销禁止生产、销售的产品或者提供的服务，或者禁止发布广告的商品或者服务的；（六）违反本法第四十条第一款规定，在针对未成年人的大众传播媒介上发布医疗、药品、保健食品、医疗器械、化妆品、酒类、美容广告，以及不利于未成年人身心健康的网络游戏广告的。

项、第五十八条[①]第一款第（一）项、第六十三条[②]第二款予以相应处罚。

（五）案例五

经查，当事人上海××医疗美容门诊部有限公司自2018年10月8日起，建立名为"上海××医疗整形"的微信公众号，在微信上用于公司对外宣传。2019年4月9日，当事人在其微信公众号上发布题为"你需要了解的隆胸技术帖"的医疗整形广告，该广告内含有"现在很流行的一句话就是'门门功课A，不如胸前一对C，说不定你的另一半正偷偷嫌弃你呢！'手感怎么样？是不是看着就蠢蠢欲动？摸上去是不是更加情不自禁？"字样的文字。同时在该篇文章中出现"××医疗美容丰胸品质案例"及隆胸术前术后对比照片。

---

① 第五十八条 有下列行为之一的，由市场监督管理部门责令停止发布广告，责令广告主在相应范围内消除影响，处广告费用一倍以上三倍以下的罚款，广告费用无法计算或者明显偏低的，处十万元以上二十万元以下的罚款；情节严重的，处广告费用三倍以上五倍以下的罚款，广告费用无法计算或者明显偏低的，处二十万元以上一百万元以下的罚款，可以吊销营业执照，并由广告审查机关撤销广告审查批准文件、一年内不受理其广告审查申请：（一）违反本法第十六条规定发布医疗、药品、医疗器械广告的；（二）违反本法第十七条规定，在广告中涉及疾病治疗功能，以及使用医疗用语或者易使推销的商品与药品、医疗器械相混淆的用语的；（三）违反本法第十八条规定发布保健食品广告的；（四）违反本法第二十一条规定发布农药、兽药、饲料和饲料添加剂广告的；（五）违反本法第二十三条规定发布酒类广告的；（六）违反本法第二十四条规定发布教育、培训广告的；（七）违反本法第二十五条规定发布招商等有投资回报预期的商品或者服务广告的；（八）违反本法第二十六条规定发布房地产广告的；（九）违反本法第二十七条规定发布农作物种子、林木种子、草种子、种畜禽、水产苗种和种养殖广告的；（十）违反本法第三十八条第二款规定，利用不满十周岁的未成年人作为广告代言人的；（十一）违反本法第三十八条第三款规定，利用自然人、法人或者其他组织作为广告代言人的；（十二）违反本法第三十九条规定，在中小学校、幼儿园内或者利用与中小学生、幼儿有关的物品发布广告的；（十三）违反本法第四十条第二款规定，发布针对不满十四周岁的未成年人的商品或者服务的广告的；（十四）违反本法第四十六条规定，未经审查发布广告的。

医疗机构有前款规定违法行为，情节严重的，除由市场监督管理部门依照本法处罚外，卫生行政部门可以吊销诊疗科目或者吊销医疗机构执业许可证。

广告经营者、广告发布者明知或者应知有本条第一款规定违法行为仍设计、制作、代理、发布的，由市场监督管理部门没收广告费用，并处广告费用一倍以上三倍以下的罚款，广告费用无法计算或者明显偏低的，处十万元以上二十万元以下的罚款；情节严重的，处广告费用三倍以上五倍以下的罚款，广告费用无法计算或者明显偏低的，处二十万元以上一百万元以下的罚款，并可以由有关部门暂停广告发布业务、吊销营业执照、吊销广告发布登记证件。

② 第六十三条 违反本法第四十三条规定发送广告的，由有关部门责令停止违法行为，对广告主处五千元以上三万元以下的罚款。违反本法第四十四条第二款规定，利用互联网发布广告，未显著标明关闭标志，确保一键关闭的，由市场监督管理部门责令改正，对广告主处五千元以上三万元以下的罚款。

经查明，当事人从开业至案发，因资质原因从未做过隆胸手术，上述文章中隆胸案例实际为虚假广告。当事人又于2019年4月16日在上述微信公众号上发布题为"鼻综合隆鼻，就是这么美！"的医疗整形广告，该广告含有"天生的塌鼻梁，对很多亚洲妹儿来说，简直就是一场灾难"字样的文字。以上广告均由当事人于2020年1月2日删除。另查，当事人上述广告均抄袭自网络，并非自行设计制作。后因违反《中华人民共和国广告法》发布虚假广告，以及违反第九条第（七）项规定，发布广告妨碍社会公共秩序或者违背社会良好风尚的广告而被罚款30万元。

分析：广告法第九条第七项规定，广告不得有妨碍社会公共秩序或者违背社会良好风尚的情形。本例中，当事人除了进行虚假宣传外，其宣传文案内容未直接涉及医疗方式、药品等内容，但由于传播的价值观以及审美取向等问题，被认定为属于妨碍社会公共秩序或者违背社会良好风尚的情形。本例对于医疗机构尤其是医美机构在制作宣传文案时的尺度把握具有一定的指导性。

（六）案例六

当事人是名为"××齿科"的营利性医疗机构，从事口腔诊疗服务。当事人于2019年6月30日在店内发布了包含以下内容的活动海报及易拉宝："Hello！夏天炎炎夏日？大放价国产托槽矫正原价21000元特价9999元，基础治疗8.5折，活动有效期2019年7月1日—8月31日。"2019年8月28日，当事人停止使用上述促销活动海报及易拉宝。再查，当事人为吸引消费者购买服务项目而夸大优惠幅度，其在上述促销活动开展前七日内未销售上述服务项目，仅于2019年5月26日即上述促销活动前，以总价9999元的实际交易价格完成了包含上述国产托槽矫正服务项目的最后一次交易。经核实，上述服务项目的促销活动定价是当事人的自主定价行为，因此无法确定多收价款与违法所得，故按违法所得无法确定认定。后因违反《中华人民共和国价格法》第十四条第（四）项，依据《价格违法行为行政处罚规定》第七条罚款5万元。

分析：《中华人民共和国价格法》第十四条①规定，经营者不得利用虚假的或者使人误解的价格手段，诱骗消费者或者其他经营者与其进行交易。本例中，被处罚的医疗机构在宣传中发布不实的降价信息，使消费者产生节省费用的误解，从而进行交易。依据《价格违法行为行政处罚规定》第七条之规定，没收违法所得，并处违法所得5倍以下的罚款；没有违法所得的，处5万元以上50万元以下的罚款。本例中由于无法确定违法所得，因此处以罚款5万元。本例对于医疗机构的宣传具有一定的指导意义，主要在于提示价格宣传中的合规标准。营利性医疗机构，虽然服务价格自定，但是也不得通过虚假降价促销等手段误导消费者，否则将面临行政处罚的风险。

第五节　开展放射性诊疗行为的合规问题

一、放射诊疗相关违规案例数据分析

本次收集的针对私立医疗机构进行的行政处罚数据中，共有因放射诊疗相关违规被处罚的案例102例（其中北京68例，上海34例），例数之多仅次于因医疗废物及污水相关问题被处罚的情况（180例）。对该102例进行分析，发现其中74例是针对口腔类医疗机构，21例是针对综合类医疗机构，其余是针对其他类型的医疗机构。

---

① 《中华人民共和国价格法》第十四条　经营者不得有下列不正当价格行为：

（一）相互串通，操纵市场价格，损害其他经营者或者消费者的合法权益；

（二）在依法降价处理鲜活商品、季节性商品、积压商品等商品外，为了排挤竞争对手或者独占市场，以低于成本的价格倾销，扰乱正常的生产经营秩序，损害国家利益或者其他经营者的合法权益；

（三）捏造、散布涨价信息，哄抬价格，推动商品价格过高上涨的；

（四）利用虚假的或者使人误解的价格手段，诱骗消费者或者其他经营者与其进行交易；

（五）提供相同商品或者服务，对具有同等交易条件的其他经营者实行价格歧视；

（六）采取抬高等级或者压低等级等手段收购、销售商品或者提供服务，变相提高或者压低价格；

（七）违反法律、法规的规定牟取暴利；

（八）法律、行政法规禁止的其他不正当价格行为。

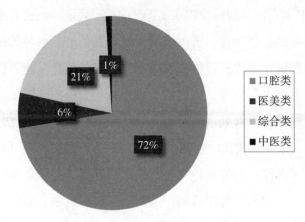

图14-5　放射诊疗相关违规处罚情况

　　由此可见，放射诊疗相关的合规问题主要存在于口腔类医疗机构中，提示该类医疗机构在运营中要注意此种类型的合规风险。分析其原因在于，口腔科通过X光辅助诊疗属于常规操作，但现在口腔类医疗机构私营程度较高，且以小规模独立经营为主，在这种情况下，往往对于放射性职业病相关防护要求（相对于同样经常使用X光辅助治疗的综合类医疗机构）不够了解或不够重视，因此造成了大量出现放射诊疗相关的合规问题的局面。

　　分析放射诊疗相关的行政处罚，其具体处罚原因包括：《放射诊疗许可证》未按规定进行校验案（包含未予《医疗机构执业许可证》同时校验）；X射线影像诊断工作场所未配备工作人员防护用品；未取得《放射诊疗许可证》开展放射诊疗工作；超出批准范围从事放射诊疗工作；放射诊疗场所和配套设施不符合国家相关标准；未按照规定对放射诊疗设备、工作场所及防护设施进行检查；检测放射诊疗工作人员未按照有关规定佩戴个人剂量计；未按照规定组织放射工作人员进行职业健康检查；未按照规定组织劳动者进行职业（放射性）卫生培训；未给从事放射工作的人员办理《放射工作人员证》；未建立、健全放射卫生管理制度和操作规程；未建立、健全职业（放射）卫生档案；与放射工作人员订立劳动合同（含聘用合同）时，未将工作过程中可能产生的职业病危害及其后果、职业病防护措施和待遇等如实告知放射工作人员，并在劳动合同中写明。

放射诊疗相关的行政处罚主要涉及警告和罚款两种处罚方式，其中单独处以警告的51例，单独处以罚款的3例，其余48例为警告并处罚款。放射诊疗相关的行政处罚的平均罚款金额为3608.16元，其中最高罚款金额为5万元，均是依据《中华人民共和国职业病防治法》第七十五条之规定，针对同一中医类医疗机构做出（该北京的中医类医疗机构在短时间内被连续进行了两次5万元的罚款）。除此之外，该类行政处罚适用的罚款金额均在1万元（含）以下。

二、放射诊疗相关法律法规

《中华人民共和国职业病防治法》第二条第二款规定，本法所称职业病，是指企业、事业单位和个体经济组织等用人单位的劳动者在职业活动中，因接触粉尘、放射性物质和其他有毒、有害因素而引起的疾病。由此可知，如果工作人员在诊疗中会接触放射性物质，则医疗机构必须遵守职业病防治法的相关规定。

《中华人民共和国职业病防治法》第二十条规定："用人单位应当采取下列职业病防治管理措施：（一）设置或者指定职业卫生管理机构或者组织，配备专职或者兼职的职业卫生管理人员，负责本单位的职业病防治工作；（二）制定职业病防治计划和实施方案；（三）建立、健全职业卫生管理制度和操作规程；（四）建立、健全职业卫生档案和劳动者健康监护档案；（五）建立、健全工作场所职业病危害因素监测及评价制度；（六）建立、健全职业病危害事故应急救援预案。"如医疗机构未采取上述职业病防治管理措施的，则卫生行政部门可以依据职业病防治法第七十条[①]第二项之规定，给予警告，责令限

[①]　《中华人民共和国职业病防治法》第七十条　违反本法规定，有下列行为之一的，由卫生行政部门给予警告，责令限期改正；逾期不改正的，处十万元以下的罚款：（一）工作场所职业病危害因素检测、评价结果没有存档、上报、公布的；（二）未采取本法第二十条规定的职业病防治管理措施的；（三）未按照规定公布有关职业病防治的规章制度、操作规程、职业病危害事故应急救援措施的；（四）未按照规定组织劳动者进行职业卫生培训，或者未对劳动者个人职业病防护采取指导、督促措施的；（五）国内首次使用或者首次进口与职业病危害有关的化学材料，未按照规定报送毒性鉴定资料以及经有关部门登记注册或者批准进口的文件的。

期改正；逾期不改正的，处十万元以下的罚款。从本次搜集的数据分析，实践中行政部门依据该条进行处罚时通常适用警告。

《中华人民共和国职业病防治法》第六十九条规定："建设单位违反本法规定，有下列行为之一的，由卫生行政部门给予警告，责令限期改正；逾期不改正的，处十万元以上五十万元以下的罚款；情节严重的，责令停止产生职业病危害的作业，或者提请有关人民政府按照国务院规定的权限责令停建、关闭：（一）未按照规定进行职业病危害预评价的；（二）医疗机构可能产生放射性职业病危害的建设项目未按照规定提交放射性职业病危害预评价报告，或者放射性职业病危害预评价报告未经卫生行政部门审核同意，开工建设的；（三）建设项目的职业病防护设施未按照规定与主体工程同时设计、同时施工、同时投入生产和使用的；（四）建设项目的职业病防护设施设计不符合国家职业卫生标准和卫生要求，或者医疗机构放射性职业病危害严重的建设项目的防护设施设计未经卫生行政部门审查同意擅自施工的；（五）未按照规定对职业病防护设施进行职业病危害控制效果评价的；（六）建设项目竣工投入生产和使用前，职业病防护设施未按照规定验收合格的。"本次搜集的数据中只有一例依据该条第一项做出处罚，且只适用了警告。

《中华人民共和国职业病防治法》第七十一条规定："用人单位违反本法规定，有下列行为之一的，由卫生行政部门责令限期改正，给予警告，可以并处五万元以上十万元以下的罚款：（一）未按照规定及时、如实向卫生行政部门申报产生职业病危害的项目的；（二）未实施由专人负责的职业病危害因素日常监测，或者监测系统不能正常监测的；（三）订立或者变更劳动合同时，未告知劳动者职业病危害真实情况的；（四）未按照规定组织职业健康检查、建立职业健康监护档案或者未将检查结果书面告知劳动者的；（五）未依照本法规定在劳动者离开用人单位时提供职业健康监护档案复印件的。"从本次搜集的数据分析，实践中行政部门通常依据该条第二项及第四项进行处罚，并且在处罚中多适用警告。

《放射性同位素与射线装置安全和防护条例》第五十二条规定："违反本

条例规定，生产、销售、使用放射性同位素和射线装置的单位有下列行为之一的，由县级以上人民政府生态环境主管部门责令停止违法行为，限期改正；逾期不改正的，责令停产停业或者由原发证机关吊销许可证；有违法所得的，没收违法所得；违法所得10万元以上的，并处违法所得1倍以上5倍以下的罚款；没有违法所得或者违法所得不足10万元的，并处1万元以上10万元以下的罚款：（一）无许可证从事放射性同位素和射线装置生产、销售、使用活动的；（二）未按照许可证的规定从事放射性同位素和射线装置生产、销售、使用活动的；（三）改变所从事活动的种类或者范围以及新建、改建或者扩建生产、销售、使用设施或者场所，未按照规定重新申请领取许可证的；（四）许可证有效期届满，需要延续而未按照规定办理延续手续的；（五）未经批准，擅自进口或者转让放射性同位素的。"从本次搜集的数据分析，实践中行政部门通常依据该条第一项进行处罚，并且在处罚中多适用罚款1万元。

《放射诊疗管理规定》第三十八条规定："医疗机构有下列情形之一的，由县级以上卫生行政部门给予警告、责令限期改正，并可以根据情节处以3000元以下的罚款；情节严重的，吊销其《医疗机构执业许可证》。（一）未取得放射诊疗许可从事放射诊疗工作的；（二）未办理诊疗科目登记或者未按照规定进行校验的；（三）未经批准擅自变更放射诊疗项目或者超出批准范围从事放射诊疗工作的。"从本次搜集的数据分析，该条较常作为行政处罚的依据，实践中通常是警告及3000元以下罚款并用。

《放射诊疗管理规定》第四十一条规定："医疗机构违反本规定，有下列行为之一的，由县级以上卫生行政部门给予警告，责令限期改正；并可处一万元以下的罚款：（一）购置、使用不合格或国家有关部门规定淘汰的放射诊疗设备的；（二）未按照规定使用安全防护装置和个人防护用品的；（三）未按照规定对放射诊疗设备、工作场所及防护设施进行检测和检查的；（四）未按照规定对放射诊疗工作人员进行个人剂量监测、健康检查、建立个人剂量和健康档案的；（五）发生放射事件并造成人员健康严重损害的；（六）发生放射事件未立即采取应急救援和控制措施或者未按照规定及时报告的；（七）

违反本规定的其他情形。"从本次搜集的数据分析，该条较常作为行政处罚的依据，实践中通常是警告及1万元以下罚款并用。

《放射工作人员职业健康管理办法》第三十九条规定："放射工作单位违反本办法，未给从事放射工作的人员办理《放射工作人员证》的，由卫生行政部门责令限期改正，给予警告，并可处3万元以下的罚款。"从本次搜集的数据分析，该条较少作为行政处罚的依据，实践中如单独作为处罚依据，则往往适用警告的处罚方式。

第六节　医疗机构病历管理相关合规问题

一、病历管理相关合规综述

前述数据统计结果显示，因病历管理相关违规导致行政处罚的案例较多，共计71例，占本次收集的行政处罚案例总体的10%，在所有的行政处罚事由中数量位居第三。同时，因病历管理违规导致的处罚金额与其他违规相比也较高，平均达到了14988.76元。因此，民营医院在日常的诊疗活动中，需要格外重视病历的管理，尽量避免病历管理违规。

什么是病历？《医疗机构病历管理规定》第二条给出病历的定义："病历是指医务人员在医疗活动过程中形成的文字、符号、图表、影像、切片等资料的总和，包括门（急）诊病历和住院病历。"第四条根据记录形式的不同，将病历区分为纸质病历和电子病历，并且规定电子病历与纸质病历具有同等效力。

二、民营医院病历管理违规主要类型及相关法律规定

第一，医疗机构"未按规定填写、保管病历资料，或者未按规定补记抢

救病历"是病历管理相关违规中，最主要的处罚事由。《医疗纠纷预防和处理条例》第四十七条第四项规定，医疗机构及其医务人员未按规定填写、保管病历资料，或者未按规定补记抢救病历，"由县级以上人民政府卫生主管部门责令改正，给予警告，并处1万元以上5万元以下罚款；情节严重的，对直接负责的主管人员和其他直接责任人员给予或者责令给予降低岗位等级或者撤职的处分，对有关医务人员可以责令暂停1个月以上6个月以下执业活动；构成犯罪的，依法追究刑事责任"。在北京和上海的实践中，医疗机构如发生上述病历管理违规，一般将受到警告、罚款1万元至3万元不等及责令改正等处罚。

首先，关于病历资料的填写。《医疗机构病历管理规定》第八条规定："医务人员应当按照《病历书写基本规范》《中医病历书写基本规范》《电子病历基本规范（试行）》和《中医电子病历基本规范（试行）》要求书写病历。"因《电子病历基本规范（试行）》和《中医电子病历基本规范（试行）》在2017年《电子病历应用管理规范（试行）》颁布实施后，已经被废止而失效，当前对于电子病历的要求，主要规定于《电子病历应用管理规范（试行）》中。《电子病历应用管理规范（试行）》第七条规定："《医疗机构病历管理规定（2013年版》《病历书写基本规范》《中医病历书写基本规范》适用于电子病历管理。"因此，电子病历的填写与纸质病历的填写要求一样，均需符合《病历书写基本规范》和《中医病历书写基本规范》的要求。

《病历书写基本规范》及《中医病历书写基本规范》第三条规定："病历书写应当客观、真实、准确、及时、完整、规范。"这是病历书写的基本原则，其中，关于"及时"这一原则，上述两个规范对于不同的病历完成时限有具体的要求。如门（急）诊病例记录需要在患者就诊时及时完成，入院记录、再次或多次入院记录需要在患者入院后24小时内完成，接班记录需要在接班后24小时内完成，转入记录需要在患者转入后24小时内完成，手术记录需要在术后24小时内完成，24小时内入出院记录、出院记录需要在患者出院后24小时内完成，24小时内入院死亡记录、死亡记录需要在患者死亡后24小时内完成，首次病程记录需要在患者入院后8小时内完成，主治医师首次查房记录需要在患者入院后48小时内完成，常规会诊意见记录需要在会诊申请发出后48小时内完成，急会诊的会诊记录则需在会诊结束后即刻完成。民营医院在病历管理中，除了要求医务人员严格按照《病历书写基本规范》和《中医病历书写基本规范》中所规定的内容、格式要求进行病历书写，还应严格把控不同病历材料完成时限，在规定的时限内及时完成病历书写。

其次，关于病历资料的保管。《医疗机构病历管理规定》第十条规定："门（急）诊病历原则上由患者负责保管。医疗机构建有门（急）诊病历档案室或者已建立门（急）诊电子病历的，经患者或者其法定代理人同意，其门（急）诊病历可以由医疗机构负责保管。住院病历由医疗机构负责保管。"住院病历明确是由医疗机构负责保管的，此外，门（急）诊病历在符合一定条件下，也可以由医疗机构负责保管。第十二条规定："门（急）诊病历由医疗机构保管的，医疗机构应当在收到检查检验结果后24小时内，将检查检验结果归入或者录入门（急）诊病历，并在每次诊疗活动结束后首个工作日内将门（急）诊病历归档。"在医疗机构保管门（急）诊病历的情况下，由于门诊患者较多，流动性大，需要格外注意检验报告及病历的及时归档，避免病历材料的遗失。第十三条规定："患者住院期间，住院病历由所在病区统一保管。因医疗活动或者工作需要，须将住院病历带离病区时，应当由病区指定的专门人员负责携带和保管。医疗机构应当在收到住院患者检查检验结果和相关资料后24小时内归入或者录入住院病历。患者出院后，住院病历由病案管理部门或者专（兼）职人员统一保存、管理。"第二十八条规定："医疗机构可以采用符合档案管理要求的缩微技术等对纸质病历进行处理后保存。"第二十九条规定："门（急）诊病历由医疗机构保管的，保存时间自患者最后一次就诊之日起不少于15年；住院病历保存时间自患者最后一次住院出院之日起不少于30年。"病历资料是患者诊疗决策的重要参考材料，是诊疗过程的重要记录和证明材料，医疗机构应妥善保管。

最后，关于抢救记录补记。根据《病历书写基本规范》及《中医病历书写基本规范》的规定，抢救记录如因抢救患者未能及时书写，需要在抢救结束后6小时内据实补记并加以注明。

第二，隐匿、伪造病历资料也是病历管理违规的处罚事由。《医疗事故处理条例》第五十八条第二项规定，医疗机构涂改、伪造、隐匿、销毁病历资料的，"由卫生行政部门责令改正，给予警告；对负有责任的主管人员和其他直接责任人员依法给予行政处分或者纪律处分；情节严重的，由原发证部门吊销其执业证书或者资格证书"。从现有法规来看，对比上述《医疗纠纷预防和处理条例》对于医疗机构未按照规定填写、保管病历资料或补记抢救记录的处罚，医疗机构发生更为严重的隐匿、伪造病历的行为反而受到的处罚更轻，仅有警告这一项处罚，具有一定的不合理性。即便如此，民营医院仍然不能掉以轻心，忽视这类病历管理问题。如果发生医患医疗纠纷，隐匿、伪造病历资料的行为将导致医疗机构直接被推定存在过错，从而使医疗机构陷入被动，将可能给医疗机构带来重大经济损失。《侵权责任法》第五十八条第二、三项规定，患者有损害，因隐匿、伪造病历资料的，推定医疗机构有过错。

综上所述，病历是医疗机构诊疗过程中形成的非常重要的文件资料，医疗机构需要严格依照法律规定，书写、保管病历，避免不必要的行政处罚甚至刑事处罚。

三、病历管理相关违规的民事责任风险

医疗机构在执业过程中发生病历相关违规，除了面临前述的行政处罚外，还有可能将自身暴露在更严重的民事责任之下。病历是对患者诊疗过程的客观记录，是唯一能全面反映患者诊疗经过的证据，目前司法实践中，无论是鉴定机构对医疗行为的鉴定，还是法院对诊疗过程中相关事实的认定，都依赖病历，因此一旦发生医患纠纷，病历往往会成为具有决定性的证据。而病历是完全由医疗机构进行书写和保管的，再加上医疗机构为了逃避责任篡改

病历记录的相关案例屡见不鲜，为了保护患方的权益，相关法律法规对病历规定了病历篡改情况下直接推定医疗机构存在过错的制度。

如在医疗损害责任纠纷案件中被广泛使用的《侵权责任法》第五十八条规定："患者有损害，因下列情形之一的，推定医疗机构有过错：（一）违反法律、行政法规、规章以及其他有关诊疗规范的规定；（二）隐匿或者拒绝提供与纠纷有关的病历资料；（三）伪造、篡改或者销毁病历资料。"这里需要指出的是，在一些情况下，由于医疗机构对于病历管理的合规意识不强，导致医护工作者的某些并非以篡改为目的的病历修改行为被认定为篡改病历。例如在朱某诉安徽某医院医疗损害责任纠纷一案中，朱某生产时子宫破裂，同时新生儿发生缺氧缺血性脑病，产生医疗纠纷。患方在事发一周后复印病历时，发现护士仍然在对相关病历进行书写，于是怀疑医方篡改病历。后故意与多名医生、护士对话并进行录音，其中一段录音中某医生曾说"他们改的是生产之后的"。诉讼中，一审法院根据录音及患方对病历的其他质疑之处，推定医院存在过错，并承担全部责任。院方上诉，二审法院维持原判。事后经详细了解，实际上当时护士是对产妇生产结束后漏写了重要信息的一页护理记录进行补全和誊抄，主观上并不存在篡改的恶意，同时其誊抄的病历对本案的争议焦点（产妇生产期间的情况）并无实质性影响。然而，由于医方工作人员病历管理不规范，存在未按时记录病历、修改病历方式不规范的情况，使法院对全部病历的真实性产生怀疑，并最终导致败诉。本案中，患儿因新生儿脑病终生需要看护、继续治疗等，由院方承担完全责任，后续经济负担沉重，这都是由于病历管理合规意识不够造成的，可谓是前车之鉴，值得后来者引起重视。

此外，在司法实践中，如果因病历原因导致医疗损害责任鉴定无法进行的，最终往往也会造成院方承担赔偿责任的后果。例如，在刘某高某诉某医院医疗损害责任纠纷一案中，原告刘某、高某之子（以下简称刘甲）于2012年12月27日因"发热伴咳嗽伴喘憋1天"，三次在其二人陪护下在某医院门诊就诊，后因病情加重于当晚入住该院。2013年1月11日，刘甲在该院去世。刘甲之父刘某、之母高某认为某医院对刘甲的诊疗存在过错，造成了刘甲的死亡，故诉至法院，要求某医院赔偿其医疗费、死亡赔偿金等共计81万余元。法院在审理过程中，二原告为证明某医院存在医疗过错，提交了刘甲在该院门诊就医的病历手册。病历手册中医务人员书写的门（急）诊病历字迹潦草以致难以辨认，最终导致司法鉴定机构在进行医疗过错及因果关系的鉴定中无法识别病历内容。司法鉴定机构经鉴定，出具如下鉴定意见：某医院对刘甲的医疗过程中存在过错，医方医疗过错与刘甲死亡的损害结果之间存在一定的因果关系，医疗过错参与度为10%—80%。最终，法院根据查明的情况，在鉴定意见认定的过错参与度范围内，综合考虑酌定某医院承担45%的赔偿责任，并最终判令该院向二原告赔偿医疗费、死亡赔偿金、精神损害抚慰金等各项损失共计40余万元。

由以上案例可知，虽然病历管理相关合规问题对应的行政处罚金额对于医疗机构而言并不算高，但其背后隐藏的民事责任风险却是巨大的。因此，民营医疗机构在执业中应当对病历管理的合规问题高度重视。

最后，2021年正式实施的《民法典》将会对医疗机构病历管理提出更高的要求，具体来说是在推定医疗机构过错时不再允许医疗机构反证。如之前所述，《侵权责任法》第五十八条规定："患者有损害，因下列情形之一的，推定医疗机构有过错：（一）违反法律、行政法规、规章以及其他有关诊疗规范的规定；（二）隐匿或者拒绝提供与纠纷有关的病历资料；（三）伪造、篡改或者销毁病历资料。"之前多数法院认为，第五十八条的表述为"患者有损害，因下列情形之一的"，故该三种法定情形之存在，应当与患者的损害后果之间存在因果关系。如果不存在因果关系，则即使存在该三种情形，也不能推定医院有过错构成侵权。此时应当允许医疗机构举证，证明该三种情形与患者损害后果之间不存在因果关系，谓之"举证责任缓和"。然而，《中华人民共和国民法典》第一千二百二十二条（侵权责任编）规定："患者在诊疗活动中受到损害，有下列情形之一的，推定医疗机构有过错：（一）违反法律、行政法规、规章以及其他有关诊疗规范的规定；（二）隐匿或者拒绝提供与纠纷有关的病历资料；（三）遗失、伪造、篡改或者违法销毁病历资料。"该条系对《侵权责任法》第五十八条的三处修订：第一，将"患者有损害，因下列情形之一的"修订为"患者在诊疗活动中受到损害，有下列情形之一的"删去了一个"因"字；第二，增加"遗失病历资料"这一情形；第三，将"销毁病历资料"修订为"违法销毁病历资料"。其中，普遍意见认为删去这个"因"字后，更加明确地表明了这是"不可推翻的推定"，更加明确地表明了法律的态度：医院一旦被证明存在法定三种情形，只要患者是诊疗活动中受到伤害，即推定医院存在过错，而无须再委托司法过错鉴定。

第十五章 民营医疗机构劳动人事管理合规

第一节 我国民营医院的劳动合同纠纷

一、劳动合同纠纷概述

劳动关系的建立要求签订书面的劳动合同，关于劳动关系问题，这里主要探讨劳动合同纠纷。当前，我国民营医院主要存在哪些劳动合同纠纷呢？笔者检索了我国2019年1月至2020年8月期间，民营医院的劳动合同纠纷案件判决书，我国当前民营医院劳动关系存在的问题汇总如下。

2019年1月至2020年8月，经法院判决的涉及民营医院的劳动合同纠纷案件共有99例。在这99例案件中，有61例主要涉及劳动合同的解除、是否需要支付经济补偿金的问题，占比61.62%；涉及确认劳动关系和拖欠工资的案件各有8例，分别占比8.08%；涉及未签订书面劳动合同的案件有5例，占比5.05%；其余少量案例分别涉及工伤保险待遇支付问题、劳动合同效力问题、劳动争议仲裁时效问题、劳动关系终止日期确认问题、节假日劳动报酬问题等（见图15-1）。

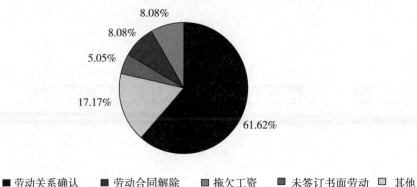

图15-1　民营医院劳动合同纠纷案件情况

　　由上述统计数据可知，民营医院劳动合同纠纷中，劳动合同的解除问题是最主要、最突出的纠纷类型。进一步分析这61例解除劳动合同的案件，有9例涉及医院一方拖欠或未足额支付劳动者工资导致合同解除；5例由于医院一方与劳动者协商调岗、调薪、调级未达成一致合同解除；3例由于医院实施业务重组原因解除合同；2例涉及劳动者在诊疗过程中出现过失，医院予以解除合同；其余解除劳动合同的情形还包括：劳动者考评成绩不好自愿选择离职，劳动者违反医院的规章制度、劳动纪律，劳动者对医院经营情况、工作地点变迁不满意，医院未提供劳动条件、未缴纳社保，劳动者医疗期结束后被辞退，医院停业（虽然医院停业导致解除劳动合同的案例有31例，但都是同一家医院的纠纷），以及劳动者无正当理由下或自愿提出解除劳动合同。

二、法律法规和案例分析

（一）劳动合同解除

　　近两年的数据显示，劳动合同的解除问题，是民营医院与劳动者之间发生劳动合同纠纷的最突出的问题。关于劳动合同的解除，我国是如何规定的呢？

我国《劳动合同法》第二条第一款规定："中华人民共和国境内的企业、个体经济组织、民办非企业单位等组织（以下称用人单位）与劳动者建立劳动关系，订立、履行、变更、解除或者终止劳动合同，适用本法。"因此，民营医院与劳动者的劳动合同纠纷，适用《劳动合同法》的规定。根据《劳动合同法》的相关规定，民营医院与劳动者解除劳动合同，存在三种情形：一是可以解除劳动合同，且医院无须支付经济补偿金；二是可以解除劳动合同，但医院需要向劳动者支付经济补偿金；三是医院不得解除劳动合同。

劳动合同的解除并不复杂，但是，有些劳动合同的解除会使用人单位面临赔偿、补偿的惩罚，这也是劳资双方产生纠纷的原因所在。

1.可以解除劳动合同，医院无须支付经济补偿金

《劳动合同法》第三十六条至第四十一条分别规定了劳动合同可以解除的不同类型，分别是协商解除、劳动者提前通知解除、劳动者单方解除、用人单位单方解除、无过失性辞退、经济性裁员。

首先，如果劳动者向医院提出解除劳动合同，可以解除，并且，医院无须支付经济补偿金。《劳动合同法》第三十七条规定："劳动者提前三十日以书面形式通知用人单位，可以解除劳动合同。劳动者在试用期内提前三日通知用人单位，可以解除劳动合同。"因此，如民营医院的正式员工提前三十日以书面形式通知医院，试用期员工提前三日通知，劳动合同即解除。

其次，《劳动合同法》第三十九条规定："劳动者有下列情形之一的，用人单位可以解除劳动合同：（一）在试用期间被证明不符合录用条件的；（二）严重违反用人单位的规章制度的；（三）严重失职，营私舞弊，给用人单位造成重大损害的；（四）劳动者同时与其他用人单位建立劳动关系，对完成本单位的工作任务造成严重影响，或者经用人单位提出，拒不改正的；（五）因本法第二十六条第一款第一项规定的情形致使劳动合同无效的；（六）被依法追究刑事责任的。"因此，如果劳动者出现上述列举的过失行为，医院可以解除劳动合同，并不需要支付经济补偿金。

在王某与无锡市某肛肠医院劳动合同纠纷案中，患者邹某于2017年2月24

日至某肛肠医院就诊，王某接诊并给患者进行肠镜检查，并在患者饱餐情况下建议患者进行麻醉，导致患者发生呕吐窒息，最终患者死亡。法院认为，王某的行为未尽到医护人员应尽的注意义务，属于严重失职，某肛肠医院与其解除劳动合同且通知了工会，符合法律规定，不支持王某支付赔偿金的要求。

在于某、大连某国际医院有限公司劳动合同纠纷案中，某国际医院经召开全体员工协商会议，在2016年10月28日制定《员工奖励、处罚条例》，该条例第十三条第4款第（二）项规定：解雇适用于在公司内或工作期间发生辱骂、打架斗殴、性骚扰或暴力侵害他人。2017年4月，于某入职护理部，劳动期限为2017年4月5日至2020年4月4日。2019年3月16日，于某在医院餐厅与其他工作人员发生言语冲突，使用"不要脸"等词语辱骂对方。医院认为于某的行为违反《员工奖励、处罚条例》的规定，2019年4月4日出具解除劳动合同证明书并通知于某。法院判定，《员工奖励、处罚条例》经职工会议讨论制定，符合协商、公示的法定程序，可以作为该案纠纷审理的依据，员工于某在医院餐厅当众辱骂其他员工的行为违反了该条例的规定，符合该条例规定的解雇条件，医院解除劳动合同属于合法解除，无须向于某支付赔偿金。

2.可以解除劳动合同，但医院需要向劳动者支付经济补偿金

《劳动合同法》第四十六条规定了用人单位需要向劳动者支付经济补偿的情形："（一）劳动者依照本法第三十八条规定解除劳动合同的；（二）用人单位依照本法第三十六条规定向劳动者提出解除劳动合同并与劳动者协商一致解除劳动合同的；（三）用人单位依照本法第四十条规定解除劳动合同的；（四）用人单位依照本法第四十一条第一款规定解除劳动合同的；（五）除用人单位维持或者提高劳动合同约定条件续订劳动合同，劳动者不同意续订的情形外，依照本法第四十四条第一项规定终止固定期限劳动合同的；（六）依照本法第四十四条第四项、第五项规定终止劳动合同的；（七）法律、行政法规规定的其他情形。"

第一种需要支付经济补偿金的情形，劳动者依照第三十八条的规定解除

劳动合同的。《劳动合同法》第三十八条规定："用人单位有下列情形之一的，劳动者可以解除劳动合同：（一）未按照劳动合同约定提供劳动保护或者劳动条件的；（二）未及时足额支付劳动报酬的；（三）未依法为劳动者缴纳社会保险费的；（四）用人单位的规章制度违反法律、法规的规定，损害劳动者权益的；（五）因本法第二十六条第一款规定的情形致使劳动合同无效的；（六）法律、行政法规规定劳动者可以解除劳动合同的其他情形。用人单位以暴力、威胁或者非法限制人身自由的手段强迫劳动者劳动的，或者用人单位违章指挥、强令冒险作业危及劳动者人身安全的，劳动者可以立即解除劳动合同，不需事先告知用人单位。"

　　如何解释"未按照劳动合同约定提供劳动保护或者劳动条件"中的"劳动保护"和"劳动条件"？在关某、温州王某口腔医院股份有限公司劳动合同纠纷案中，关某主张其与王某公司签订劳动合同后，双方约定，由王某公司将关某的执业证书变更注册于公司惠民路门诊部，并办理多点执业至王某口腔门诊部府前店（关某工作地），但是王某公司却没有为关某办理多点执业，且未告知并未经关某同意下，使用关某的执业许可证办理了惠民店的医疗许可证，导致关某在数月内违法执业，王某公司存在未为关某提供劳动保护和劳动条件的情形。二审法院判决认为，"劳动保护"是指《劳动法》规定的劳动安全保护和劳动卫生保护，而关某主张的执业证书变更注册和办理多点执业不属于"劳动保护"的范畴。关于"劳动条件"，法院认为，劳动条件一般指劳动者在工作中的设施条件、工作环境、劳动强度和工作时间等情况，关某提出的"王某公司未为关某提供多点执业，安排的执业地与注册登记地不一致，属于用人单位未提供劳动条件"的主张，不符合"劳动条件"的概念，另外，双方签署的劳动合同中并没有约定这些劳动条件，且在关某提出异议后，王某公司已经按照关某的要求重新办理了执业登记手续，执业地与登记地不一致的情形已经消除。因此，法院认为该案不存在"未按照劳动合同约定提供劳动保护或劳动条件"的情形。

　　关于"未及时足额支付劳动报酬"，根据本研究的案例统计结果，这类情形是劳动合同解除纠纷中常见的一种。在无锡新区某医院有限责任公司与闻某劳动合同纠纷案中，某医院多次拖欠闻某工资，闻某向用人单位提出解除劳动合同，并要求支付经济补偿金。一审及二审法院均支持闻某的主张，认为，根据《劳动合同法》规定，用人单位未及时足额支付劳动报酬，劳动者可以解除劳动合同，且用人单位需向劳动者支付经济补偿。在唐某与深圳某医院劳动合同纠纷案中，法院认为，某医院存在未足额支付病假、产假期间工资的事实，属于《劳动合同法》第三十八条规定的劳动者被迫解除劳动合同的情形，用人单位需要向劳动者支付经济补偿金。

第二种需要支付经济补偿金的情形为，医院依照《劳动合同法》第三十六条的规定向劳动者提出解除劳动合同并与劳动者协商一致解除劳动合同。《劳动合同法》第三十六条规定："用人单位与劳动者协商一致，可以解除劳动合同。"因此，如果劳动者不存在《劳动合同法》第三十九条规定的过失的情形下，在劳动合同有效期内，医院主动要求与劳动者解除劳动合同，经与劳动者协商一致后，是可以解除劳动合同的，但医院仍然需要向劳动者支付经济补偿金。

第三种支付经济补偿金的情形为，医院依照《劳动合同法》第四十条的规定解除劳动合同。《劳动合同法》第四十条规定："有下列情形之一的，用人单位提前三十日以书面形式通知劳动者本人或者额外支付劳动者一个月工资后，可以解除劳动合同：（一）劳动者患病或者非因工负伤，在规定的医疗期满后不能从事原工作，也不能从事由用人单位另行安排的工作的；（二）劳动者不能胜任工作，经过培训或者调整工作岗位，仍不能胜任工作的；（三）劳动合同订立时所依据的客观情况发生重大变化，致使劳动合同无法履行，经用人单位与劳动者协商，未能就变更劳动合同内容达成协议的。"

对于劳动者患病或非因工负伤，在规定的医疗期满后不能从事原工作也不能从事用人单位安排的其他工作劳动合同解除情形，其中关于工伤的认定，可以根据《工伤保险条例》的相关规定进行，"医疗期"，可以依据《企业职工患病或非因工负伤医疗期规定》的规定进行计算。

第四种支付经济补偿金的情形为，用人单位依照《劳动合同法》第四十一条第一款规定解除劳动合同。《劳动合同法》第四十一条第一款规定：有下列情形之一，需要裁减人员二十人以上或者裁减不足二十人但占企业职工总数百分之十以上的，用人单位提前三十日向工会或者全体职工说明情况，听取工会或者职工的意见后，裁减人员方案经向劳动行政部门报告，可以裁减人员：（一）依照企业破产法规定进行重整的；（二）生产经营发生严重困难的；（三）企业转产、重大技术革新或者经营方式调整，经变更劳动合同后，仍需裁减人员的；（四）其他因劳动合同订立时所依据的客观经济情况发生重大变化，致使劳动合同无法履行的。"

第五种支付经济补偿金的情形为，除用人单位维持或者提高劳动合同约定条件续订劳动合同，劳动者不同意续订的情形外，依照《劳动合同法》第四十四条第一项规定终止固定期限劳动合同的。《劳动合同法》第四十四条第一项规定，"有下列情形之一的，劳动合同终止：（一）劳动合同期满的"；《劳动合同法》第十三条规定，"固定期限劳动合同，是指用人单位与劳动者约定合同终止时间的劳动合同"。因此，在固定期限劳动合同期满终止后，如果用人单位不再与劳动者续订劳动合同，且不存在用人单位维持或提高劳动合同约定条件后，劳动者自己选择不续订的情况的，用人单位在终止劳动合同后，需要向劳动者支付经济补偿金。

在胡某与中山市某医院劳动合同纠纷案中，胡某与某医院签订了期限为2016年2月23日至2019年2月22日的书面劳动合同（约定了合同终止的时间，属于固定期限劳动合同），2018年10月26日至2019年4月，胡某因脑梗塞住院治疗，经中山市人力资源和社会保障局认定不属于工伤，胡某在10月26日之后一直未去某医院处工作，某医院批准胡某医疗期延至2019年4月16日。在2019年4月18日，某医院向胡某出具《劳动合同终止通知书》，要求终止双方的劳动合同。法院判定，虽然双方的劳动合同约定的合同期限至2019年2月22日，因为劳动者患病，医疗期至2019年4月16日，因此双方的劳动合同也应延至2019年4月16日，某医院在劳动合同期满终止后，即通知劳动者终止劳动合同，根据《劳动合同法》第四十四条、四十六条的规定，某医院应向胡世同支付终止劳动合同的经济补偿金。

第六种支付经济补偿金的情形为，依照《劳动合同法》第四十四条第四项、第五项规定终止劳动合同的。《劳动合同法》第四十四条第四、五项规定："有下列情形之一的，劳动合同终止：……（四）用人单位被依法宣告破产的；（五）用人单位被吊销营业执照、责令关闭、撤销或者用人单位决定提前解散的。"

3.不得解除劳动合同

《劳动合同法》第四十二条规定："劳动者有下列情形之一的，用人单位不得依照本法第四十条、第四十一条的规定解除劳动合同：（一）从事接触职业病危害作业的劳动者未进行离岗前职业健康检查，或者疑似职业病病人在诊断或者医学观察期间的；（二）在本单位患职业病或者因工负伤并被确认丧失或者部分丧失劳动能力的；（三）患病或者非因工负伤，在规定的医疗期内的；（四）女职工在孕期、产期、哺乳期的；（五）在本单位连续工作满十五年，且距法定退休年龄不足五年的；（六）法律、行政法规规定的其他情形。

结合《劳动合同法》第四十条、第四十一条的规定，如果劳动者处于上述情况，即使劳动者因患病或非因工负伤，在医疗期满后不能从事原工作或医院安排的其他工作；或劳动者不能胜任工作，经培训或调岗仍不能胜任工作；或劳动合同订立时依据的客观情况发生重大变化，导致劳动合同无法履行，经协商后，双方未能就变更合同内容达成一致；或医院符合经济性裁员要求，可以裁减人员的，医院也不能与该劳动者解除劳动合同。

此外，《劳动合同法》第二十一条规定："在试用期中，除劳动者有本法第三十九条和第四十条第一项、第二项规定的情形外，用人单位不得解除劳动合同……"

综上所述，在有些情况下，劳动合同可以合法解除，并且医院无须支付经济补偿；有些情况下，劳动合同合法解除后，医院仍需支付经济补偿；还有些情况下，劳动合同是不得解除的。那么，如果医院在不符合《劳动合同法》规定的劳动合同解除条件下，或未按照《劳动合同法》规定的解除程序情况下，解除或终止与劳动者的劳动合同，可能会对用人单位产生哪些不利影响呢？

《劳动合同法》第四十八条规定："用人单位违反本法规定解除或者终止劳动合同，劳动者要求继续履行劳动合同的，用人单位应当继续履行；劳动者不要求继续履行劳动合同或者劳动合同已经不能继续履行的，用人单位应当依照本法第八十七条规定支付赔偿金。"第八十七条规定："用人单位违反本法规定解除或者终止劳动合同的，应当依照本法第四十七条规定的经济补偿标准的二倍向劳动者支付赔偿金。"第四十七条规定关于经济补偿金的计算。因此，如果医院违法解除或终止劳动合同，劳动者如果要求继续履行劳动合同，医院是需要继续履行的，如果劳动者不要求继续履行或劳动合同无法继续履行，那么医院需要向劳动者支付赔偿金，该赔偿金为经济补偿金的两倍。

在可以解除劳动合同，但用人单位需要支付经济补偿金的情形下，如果医院没有按照《劳动合同法》的规定执行解除行为，即医院被认定为违法解除劳动合同，医院是否需要同时支付经济补偿金以及两倍经济补偿金的赔偿金呢？《劳动合同法实施条例》第二十五条规定："用人单位违反劳动合同法的规定解除或者终止劳动合同，依照劳动合同法第八十七条的规定支付了赔偿金的，不再支付经济补偿。赔偿金的计算年限自用工之日起计算。"因此，法律规定解除劳动合同需要支付经济补偿金的情况下，如果用人单位属于合法解除或终止劳动合同，只需要按照经济补偿金的计算标准支付补偿金即可；但如果用人单位被认定为违法解除或终止劳动合同，则需要支付两倍经济补偿金作为赔偿金。

（二）仲裁时效

在原告肖某与被告南京某整形外科医院有限责任公司劳动合同纠纷案中，原告与被告医院先后签订两次固定期限劳动合同，劳动合同期限为2010年12

月31日至2018年9月30日。2018年5月1日，原告申请"生育假"，2018年10月22日，被告以原告无故旷工通知原告解除劳动合同，2018年10月31日，原告复函反驳被告并指出被告违法行为，提出双方劳动合同于2018年4月已解除，被告应支付双倍经济赔偿。2019年11月6日，肖某向南京市鼓楼区劳动人事争议仲裁委员会申请劳动仲裁，2019年11月14日，仲裁委员会做出仲裁申请时间确认书，确认申请仲裁时间为2019年11月6日。法院判决认为，劳动争议申请仲裁的时效期间为一年，仲裁时效期间从当事人知道或者应当知道其权利被侵害之日起计算，原告主张2018年4月劳动合同解除，被告主张解除日期为2018年10月22日，无论从哪个时间节点算，原告2019年11月6日提起仲裁申请均超过了申请仲裁的时效期间，原告又无正当理由，因此，法院驳回其诉讼请求。

对于劳动争议，仲裁是非常重要的解决方式之一，当事人需要把握好仲裁时效，及时提起仲裁，维护自己的权利。《中华人民共和国劳动争议调解仲裁法》第二十七条第一款规定："劳动争议申请仲裁的时效期间为一年。仲裁时效期间从当事人知道或者应当知道其权利被侵害之日起计算。"《最高人民法院关于审理劳动争议案件适用法律若干问题的解释》第三条规定："劳动争议仲裁委员会根据《劳动法》第八十二条之规定，以当事人的仲裁申请超过六十日期限为由，做出不予受理的书面裁决、决定或者通知，当事人不服，依法向人民法院起诉的，人民法院应当受理；对确已超过仲裁申请期限，又无不可抗力或者其他正当理由的，依法驳回其诉讼请求。"

（三）未签订书面劳动合同

熊某与上海某医院投资管理有限公司劳动合同纠纷中，原告于2018年6月12日开始在被告处工作，原告主张因被告未与其签订劳动合同，被告需支付原告未签订劳动合同期间的双倍工资差额。被告出具微信聊天记录作为证据，该聊天记录中记载："……劳动合同我6月底就拿给你签，你当时就在封面签个字，你又还给我了，你说不签，是不是……"原告对于聊天记录的真实性无异议，也承认在封面签过字，但认为按照合同约定，只有在末页乙方处签署姓名，劳动合同才是有效的，原告只在封面签字，后面均未填写，劳动合同没有生效，双方未签订合同。法院判决认为，被告提供的微信聊天记录可以证明被告于2018年6月底曾将劳动合同文本交给原告，原告对该证据真实性认可，也承认在封面签字，被告在法定期限内已经就签订劳动合同事宜履行了诚实磋商的义务，因此，不予支持原告主张。

《劳动合同法》第十条规定："建立劳动关系，应当订立书面劳动合同。已建立劳动关系，未同时订立书面劳动合同的，应当自用工之日起一个月内订立书面劳动合同。用人单位与劳动者在用工前订立劳动合同的，劳动关系自用工之日起建立。"第八十二条规定："用人单位自用工之日起超过一个月不满一年未与劳动者订立书面劳动合同的，应当向劳动者每月支付二倍的工资。"因此，医院与劳动者建立劳动关系，需要订立书面的劳动合同，且自用工之日起一个月内就需要订立书面劳动合同，否则，医院将受到支付两倍工资的惩罚。

（四）未为劳动者缴纳工伤保险

在太和某医院、徐某、金某劳动合同纠纷案中，2018年10月16日，太和某医院护士徐某，驾驶二轮电动车逆向行驶在非机动车道内，与驶入非机动车道的田某驾驶的二轮电动车发生碰撞，造成道路交通事故。事故发生后，徐某被送往医院住院抢救，2018年10月27日死亡。2019年4月9日徐某经阜阳市人力资源与社会保障局认定为工伤。徐某家属诉请工伤保险待遇。太和某医院未给徐某办理社保、工伤保险。法院认为，劳动者所享有的社会保险和福利待遇受到法律保护，劳动者因工伤残依法应享有社保待遇。《工伤保险条例》第六十二条第二款的规定："依照本条例规定应当参加工伤保险而未参加工伤保险的用人单位职工发生工伤的，由该用人单位按照本条例规定的工伤保险待遇项目和标准支付费用。"虽然医院没有给徐某参加工伤保险，也应当支付其全部工伤保险待遇。

《工伤保险条例》第二条规定："中华人民共和国境内的企业、事业单位、社会团体、民办非企业单位、基金会、律师事务所、会计师事务所等组织和有雇工的个体工商户（以下称用人单位）应当依照本条例规定参加工伤保险，为本单位全部职工或者雇工（以下称职工）缴纳工伤保险费。中华人民共和国境内的企业、事业单位、社会团体、民办非企业单位、基金会、律师事务所、会计师事务所等组织的职工和个体工商户的雇工，均有依照本条例的规定享受工伤保险待遇的权利。"

医院应当依法履行为本单位职工或雇工缴纳工伤保险费的义务，如果医院没有为职工参加工伤保险，职工发生工伤时，医院需要支付职工的工伤保险待遇。

第二节　我国民营医院的劳务合同纠纷

一、劳务合同纠纷概述

劳务关系是建立在平等主体之间的用工关系，劳务关系可以通过书面的劳务合同对双方的权利义务进行约定，也可以采取口头的方式进行约定。笔者梳理2019年1月至2020年8月期间民营医院的劳务合同纠纷案件，发现绝大部分纠纷与医院拖欠劳务报酬有关。在笔者搜索的319例劳务合同纠纷案中，有305例涉及医院拖欠劳动报酬纠纷，占比95.61%；其余14例中，有5例涉及违约责任承担，3例涉及劳务关系确认，1例涉及格式合同的解读，1例涉及劳务费欠条的撤销，1例涉及诉讼时效，1例涉及竞业禁止补偿，1例涉及员工执行工作任务时受伤，医院的损害赔偿责任承担，1例涉及医院筹备期间所签署合同的主体认定（如图15-2所示）。

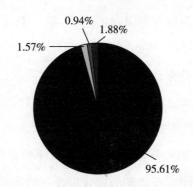

0.94%
1.88%
1.57%
95.61%

■ 拖欠劳务报酬 ■ 违约责任承担 ■ 劳务关系确认 ▨ 其他

图15-2　民营医院劳务合同纠纷案件情况

二、法律法规和案例分析

劳务关系是一方付出劳务，另一方支付对价的平等主体之间的关系，劳务关系受《合同法》《民法通则》《民法总则》等法律规范的调整。在近两年的劳务合同纠纷中，最主要的是涉及拖欠劳务报酬纠纷。在拖欠劳务报酬纠纷中，需要厘清的问题包括劳务关系的确立、劳务报酬支付义务人、因员工原因发生医疗纠纷情况下劳务报酬的给付等。

（一）劳务关系的确立

1.事实劳务关系

如果医院与劳动者签订书面的劳务合同，劳务关系的确立是明确而没有争议的。但实践中，民营医院常常发生未与劳动者签订书面劳务合同的情况，这种情况下，如何判断双方是否成立劳务关系？

根据前文所述，劳务合同可以采取书面合同形式，也可采取口头形式。《合同法》第二十三条定规："承诺应当在要约确定的期限内到达要约人。要约没有确定承诺期限的，承诺应当依照下列规定到达：（一）要约以对话方式做出的，应当即时做出承诺，但当事人另有约定的除外；（二）要约以非对话方式做出的，承诺应当在合理期限内到达。"第二十五条，"承诺生效时合同成立"。第四十四条第一款，"依法成立的合同，自成立时生效"。如果医院与劳动者以口头方式订立劳务合同，可以依据上述条款，在劳动者向医院承诺提供劳务时，劳务合同成立并生效。但是，由于口头协议可能存在无法证明的情况，在实践中，可以依据事实劳务关系的成立来确立劳务关系。

在张某与兴文某医院劳务合同纠纷案中，原告退休后至被告医院工作，双方一直未签订书面合同，在此期间被告向原告数次转账，原告提供任职文件、银行交易记录及陈述作为证据，法院认为，双方之间形成事实劳务关系。在李某与礼泉某医院劳务合同纠纷案中，原被告未签订书面劳务合同，法院认为，原告受雇，坐诊被告内科门诊，双方形成事实上的劳务关系，劳务合同合法有效。

2.退休人员劳务关系确认

在实践中，民营医院聘请退休的医务人员是比较常见的，在前述319例劳务合同纠纷中，有105例涉及民营医院与退休人员的劳务合同纠纷。

《劳动合同法实施条例》第二十一条，"劳动者达到法定退休年龄的，劳动合同终止"。《最高人民法院关于审理劳动争议案件适用法律若干问题的解释（三）》第七条，"用人单位与其招用的已经依法享受养老保险待遇或领取退休金的人员发生用工争议，向人民法院提起诉讼的，人民法院应当按劳务关系处理。"因此，民营医院与达到法定退休年龄的、依法享受养老保险待遇或领取退休金的员工之间，建立的是劳务关系。

对于退休且享受养老待遇的人员，即使与医院签订名称为《劳动合同》的协议，双方也只是成立劳务关系。在唐某与佛山市三水区某经济区医院劳务合同纠纷案中，原告与被告在2019年12月17日签订《劳动合同》，法院认为，原告在2018年9月8日已年满50周岁，达到法定退休年龄，原被告之间虽然签订的是《劳动合同》，但双方并非劳动合同关系，而是劳务关系。

但是，需要注意，如果劳动者达到退休年龄，但是未办理退休手续、享受养老保险待遇的，双方之间还是可能属于劳动合同关系。在某医院管理咨询（上海）有限公司与蒋某劳动合同纠纷案中，员工在劳动合同履行期间达到退休年龄，未办理退休手续和享受养老待遇，双方继续履行劳动合同。法院认为，员工达到法定退休年龄，但用人单位未与其解除劳动合同，也未办理退休手续，继续留用，按照劳动关系处理。

（二）劳务报酬支付义务人确定

从近两年的劳务合同纠纷来看，劳务报酬支付义务人的确定问题主要存在于医院与第三方签署托管协议的情况下。医院托管是医疗体制改革的一种新探索，目前尚没有相应的法律法规进行规范，从案例来看，医院托管下，劳务报酬支付义务人有如下三种情况。

第一，医院与员工签署了劳务合同，之后医院与第三人签订托管协议，约定托管期间，由第三人享有和承担所有债权债务。这种情况下，根据合同的相对性，医院为劳务报酬支付义务人。在赵某与刘某、泰州某康复医院劳务合同纠纷案中，原告赵某在2017年1月1日与被告某医院签订《劳动合同》，合同期至2019年12月31日，2018年7月13日，某医院与刘某签订《泰州某康复医院托管协议书》，约定托管期限为2018年8月1日至2026年7月31日，托管期间的债权、债务由刘某享有和承担。被告拖欠原告工资，刘某出具欠条："某医院欠赵某工资……"后原告起诉被告索要工资。法院判定，某医院虽已托管给刘某并约定债权债务由刘某享有和承担，但原告与被告签订了合同，双方存在劳务合同关系，原告提供了劳动，被告应给付相应的劳务报酬。刘某虽然出具了欠条，但是欠条中并未确认其自己欠付工资，且确认某医院欠付工资，原告主张刘某共同承担工资给付责任，无法律依据，不予支持。

第二，医院托管期间，受托人雇佣并与员工签署劳务合同。在曹某与刘某、泰州某康复医院劳务合同纠纷案中，2018年7月13日，某医院与刘某签订《泰州某康复医院托管协议书》，约定托管期限自2018年8月1日至2026年7月31日，医院托管期间的债权、债务由刘某享有或承担。曹某于2018年10月被招录进某医院工作。曹某每月工资系以某医院名义发放，曹某2019年2月至5月的工资未发，刘某向曹某出具欠条："某医院欠曹某工资……"法院判定，虽然某医院托管给了刘某，且约定托管期间债权债务由刘某享有和承担，但刘某管理期间，对外以某医院名义开展业务，对内以某医院名义发放工资，可认定原告与某医院存在劳务关系，原告提供了劳动，某医院应当给付劳务报酬。刘某出具欠条，是确认某医院欠付工资，而非其自己欠付工资，不支持原告要求刘某共同承担工资给付责任。

第三，托管协议中明确"托管期间，职工薪酬由受托人承担"。在姚某与沈阳某红十字医院劳务合同纠纷案中，2015年11月20日，被告医院（甲方）与第三人（乙方）签订《医院委托管理合同》，约定托管期限自合同签字生效日至2020年11月30日，甲方登记现有工作人员薪酬标准，乙方接收登记在册的工作人员，乙方自托管之日起承担现有人员的薪酬。原告姚某于2017年6月10日入职被告医院工作，因被拖欠工资离职，起诉被告。法院认为，虽然被告与第三人签署了托管合同，合同约定第三人支付工资，但原告表示对该托管合同不知情，被告无证据证明原告知情，原告工作地点在被告处，工作内容为被告的组成部分，法院支持原告要求被告支付拖欠的工资的主张。

由上述案例可知，在医院托管模式下，医院仍然常常被认定为员工劳务报酬支付的义务人，不论在托管协议中是否已提前约定员工薪酬支付义务，员工是否由受托人雇佣，或劳务合同是否由受托人签署。医院托管在我国尚处于探索阶段，法律规范并不完善，对医院规避风险带来了困难。

（三）员工原因发生医疗纠纷，劳务报酬的支付

在威宁某医院、贺某劳务合同纠纷案中，原告在被告医院外科工作，被告拖欠原告工资41910元，并向原告出具欠条，原告诉求被告支付工资，被告称因原告发生医疗事故，医院赔偿他人的赔偿款中，原告需承担89600元赔偿。法院认为，被告所诉称的医疗事故赔偿问题与原告诉请拖欠工资支付问题是基于不同的法律关系，被告在诉讼中未提起反诉，被告的请求不在本案中审理，可以另行起诉主张权利，被告需向原告支付拖欠工资。

第三节　民营医院劳动人事关系合规建议

一、劳动合同解除纠纷

劳动合同的解除是民营医院劳动合同纠纷中最主要的一类纠纷，《劳动合同法》规定了劳动合同的多种解除方式，不同解除方式有不同的适用条件。在实践中，医院作为用人单位需要注意避免因用人单位过失导致劳动合同解除，医院还需支付经济赔偿金的双重损失情形，此外，医院尤其需要注意避免违法解除劳动合同，否则医院需要支付双倍经济补偿金作为赔偿。

第一，按照劳动合同约定为劳动者提供劳动保护及劳动条件。根据《劳动合同法》第十七条第一款第（八）项的规定，劳动保护、劳动条件是劳动合同中应当具备的条款。医院需要向劳动者提供劳动合同中约定的劳动保护和劳动条件，否则，当劳动者以医院未提供劳动保护、劳动条件为由提出解除劳动合同时，医院仍然需要向劳动者支付经济补偿金。

第二，及时、足额支付劳动报酬。拖欠工资是民营医院劳动合同纠纷比较突出的一个问题，如果劳动者因医院拖欠工资提出离职，医院不仅需要将拖欠的工资支付给劳动者，还需要向劳动者支付经济补偿金。因此，医院应尽量避免发生此情况。同时，医院还需要注意，《劳动合同法》第三十八条第一款第（二）项规定为"未及时足额支付劳动报酬的"，医院如果没有足额支付员工的劳动报酬，也存在过失，需要支付经济补偿金。

第三，依法为劳动者缴纳社会保险费。劳动者依法享有社会保险及相关福利待遇，这是国家法律赋予劳动者的权益，医院应当按照规定为其员工缴纳社会保险费，否则，员工有权提出解除劳动合同并要求医院支付经济补偿金。同时，根据《工伤保险条例》第六十二条第二款的规定："依照本条例规定应当参加工伤保险而未参加工伤保险的用人单位职工发生工伤的，由该用人单位按照本条例规定的工伤保险待遇项目和标准支付费用。"医院未依法为其员工缴纳工伤保险费的，员工若发生工伤，本应享受的工伤保险待遇需要全部由医院来承担。

第四，为从事接触职业病危害作业的劳动者，进行离岗前职业健康检查。根据《劳动合同法》第四十条、四十一条第一款的规定，在满足这些规定的情况下，医院在支付经济补偿金后，可以解除劳动合同，比如劳动者患病或因工负伤，医疗期满后不能再从事原工作，也不能从事医院另行安排的工作；劳动者不能胜任工作，培训或调岗后，仍不能胜任的；劳动合同订立时所依据的客观情况发生重大变化，导致劳动合同无法履行，医院与员工协商后，未能就变更劳动合同内容达成协议的；符合法定条件，如破产重整、生产经营发生严重困难等，可以裁员的。但是，如果医院员工从事接触职业病危害工作，且未进行离岗前职业健康检查，医院不得根据前述情况与员工解除劳动合同，否则，属于违法解除，员工可以要求继续履行劳动合同，也可以在解除后向医院要求支付双倍经济补偿金。

如果医院职工疑似职业病患者处于诊断或医学观察期，医院也不得因为前述情况解除劳动合同，否则，同样构成违法解除。

不得解除在医院工作中患职业病的员工的劳动合同，因工负伤并丧失或部分丧失劳动能力员工的劳动合同，在规定医疗期的患病或非因工负伤员工的劳动合同，处于孕期、产期、哺乳期的女性职工，在医院连续工作满十五年且距退休不足五年的员工的劳动合同。根据《劳动合同法》第四十八条规定，用人单位违反该法规定解除劳动合同，都属于违法解除劳动合同。即使符合《劳动合同法》第四十条、四十一条第一款规定的情形，医院也不得解除前述员工的劳动合同，否则，构成违法解除。

第五，不得随意解除试用期员工的劳动合同。《劳动合同法》第二十一条的规定："在试用期中，除劳动者有本法第三十九条和第四十条第一项、第二项规定的情形外，用人单位不得解除劳动合同。用人单位在试用期解除劳动合同的，应当向劳动者说明理由。"在试用期期间，除非员工存在《劳动合同法》第三十九条和第四十条第一项、第二项规定的过失、无法胜任情况，医院不能解除合同，否则，构成违法解除。

第六，医院如果单方解除劳动合同，需要事先通知工会。《劳动合同法》第四十三条规定："用人单位单方解除劳动合同，应当事先将理由通知工会。"因此，医院单方解除劳动合同的，如果不通知工会，属于违法解除劳动合同。

二、劳动合同终止纠纷

劳动合同期满终止后，医院不得径直终止固定期限劳动合同。根据《劳动合同法》第四十四条第一项及第四十六条第五项的规定，当劳动合同期满终止后，如果医院以原合同约定条件或以高于原合同约定条件向员工提出续订劳动合同，员工不同意续订，那么劳动合同终止，医院不需要支付经济补偿金；否则，在其他任何情况下，医院终止固定期限劳动合同的，需要向员工支付经济补偿金。

三、书面劳动合同签署纠纷

《劳动合同法》第十条第一、二款的规定："建立劳动关系，应当订立书面劳动合同。已建立劳动关系，未同时订立书面劳动合同的，应当自用工之日起一个月内订立书面劳动合同。"第八十二条第一款规定："用人单位自用工之日起超过一个月不满一年未与劳动者订立书面劳动合同的，应当向劳动者每月支付二倍的工资。"医院需要在用工之日起一个月内，与员工订立书面劳动合同，否则，将面临双倍工资的惩罚。如果是因为职工原因未能签订书面劳动合同的，医院需注意留存相应证据支持其主张。

四、劳务合同纠纷

劳务合同纠纷中，拖欠劳务报酬是主要的纠纷点。劳务合同纠纷由《合同法》《民法总则》《民法通则》等法律规范，医院与员工订立劳务合同，需要诚实守信，履行合同义务，避免违约责任。

医院的工作因涉及医疗行为，具有其特殊性，风险较高，民营医院更是如此。因此，建议民营医院与员工的劳务合同内容，加入因员工原因发生医疗事故或医疗纠纷时，双方的赔偿责任比例。这样一方面有利于敦促员工谨慎、专业实施医疗行为，另一方面可以减轻民营医院的赔偿责任。在员工发生医疗纠纷情况下，如果员工起诉要求支付拖欠工资，建议民营医院在诉讼策略上可以考虑及时提起反诉，减少诉累和成本，也可以避免后期追索赔偿金可能发生的执行困难。

医院与第三方签署托管协议时，需详细约定托管期间员工薪酬支付等事宜，在不涉及商业秘密保护、商业决策等问题的前提下，建议将协议中涉及第三方义务的部分，在医院内部进行公示。

第十六章　民营医疗机构商事合同管理合规

合同，取合而同一，意为尊重合同双方意思自治。然而，医疗机构因服务内容的专业性，牵涉法律关系的复杂性和机构性质的公益性等特别之处，而处于较多法律法规的规制之下。本章将从医疗机构的法定建设工程招标项目、私立医疗机构的资质许可事项、重大医疗设备采购的区域规划、医疗设备融资租赁的《民法典》新规，以及药品和医疗器械供应合同的整治行动五个角度，来探讨医疗机构商事合同的法定规制要件以及合规管理现状，并以互联网数据统计为基础，研究以上要件在司法实践中的适用。

第一节　医疗机构的法定建设工程招标项目

医疗机构因其资金来源的财政属性与公共利益的价值取向性，其大型建设工程采购行为受到法律法规的严格限制。《招标投标法》第三条规定，对于:（1）大型基础设施、公用事业等关系社会公共利益、公众安全的项目;（2）全部或部分使用国有资金投资或者国家融资的项目，其勘察、设计、施工、监理以及与工程建设有关的重要设备、材料等的采购，必须进行招标。如，建设医院急诊大楼等大型工程有关的项目采购，均需依照有关规定的程序进行招标，方可签署合同。

除此之外，任何医疗机构或个人均不得将依法必须进行招标的项目化整为零，规避招标;不得以不合理的条件限制或者排斥潜在投标人;不得与投标人串通投标、弄虚作假;不得收受投标人财物;否则将导致招标无效、罚款、暂停资金拨付等法律后果，情形严重的将追究有关单位及人员的刑事责任。

值得注意的是，《招标投标法》第六十六条的规定，涉及国家安全、国家秘密、抢险救灾，或者属于利用扶贫资金实行以工代赈、需要使用农民工等特殊情况，不适宜进行招标的项目，按照国家有关规定可以不进行招标。如在地震、洪水等灾区进行抢险救灾，需要建设包括大型基础设施或使用国家融资在内的项目时，应保证争取灾后的救援时间排在优先位序。这种情况下，医疗机构可视具体情形决定是否跳过招标程序，直接实施工程建设项目。

现予公开的判决中，涉及《招标投标法》第三条的案例，20%因当事人违反必须招标的法定条件，在实质意义上未进行招标程序，法院认定中标无效，导致双方签订的合同无效，从而参照双方当事人的合意以及实际履行情况结算工程价款；60%因案涉合同标的不属于《招标投标法》第三条规定的项目范围，排除对该法条的适用；另有20%因《招标投标法》第三条第二项"使用国有资金投资"的项目，必须进行招标的规定，认定双方约定的项目服务内容具备专业性质，为认定当事人的连带赔偿责任奠定了法理基础。

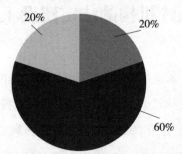

■虚假招标 ■排除适用 ■认定赔偿

图16-1 公开判决中《招标投标法》第三条适用理论剖析[1]

由此可见，医疗机构在签署建设工程合同时，应注意对《招标投标法》第三条的适用，合理规避因必须履行招标的法定义务而产生的法律风险。当合同标的属于本款法条的规定范围，且不存在除外情形时，若未对大型基础

---

[1] 数据来源：中国裁判文书网，由作者整理。

设施等，或使用国有资金投资的项目履行招标义务，则合同无效。同时，对本款法条的适用也可以为劳务、侵权等赔偿责任的认定提供坚实的理论支撑。

第二节 私立医疗机构的资质许可事项

私立医疗机构除前述应予注意的问题外，另需对自身资质予以严格管理。医疗行业因其专业性、风险性、民生性，受到法律法规、司法解释的多重规制。如需具备设置医疗机构批准书、医疗机构执业许可证、污水排入排水管网许可证、大型医用设备配置许可证等各种手续；配置有放射科的医疗机构还需有放射诊疗许可证及辐射安全许可证；另外，互联网医疗平台需特别具备ICP许可或备案等法律资质。

私立医疗机构应特别重视医疗机构执业许可证的资质问题。实践中，多有医疗机构假借与企业等民事主体签订合作协议，实为规避《医疗机构管理条例》第二十三条的规定，转让、出借医疗机构执业许可证。以北京市为例，截至2020年9月2日，在公开的民事二审判例中，涉及《医疗机构管理条例》第二十三条的判例，内容均为以合作协议等合法合同形式，掩盖转让、出借医疗机构执业许可证的非法目的。二审法院面对此类型的合同，亦均判决该合同违反行政法规强制性、效力性规定，进而产生了合同无效的法律后果，双方当事人需返还因该合同取得的财产，恢复至合同订立前的状态。

因此，私立医疗机构需确保在具备卫生行政部门批准的医疗机构执业资质的前提下，开展医事活动。同时，在与相对方签订合同时，私立医疗机构亦需避免订立名为合作协议等合法形式，实为掩盖违法违规目的的合同，包括变相受让、租借其他医疗机构所具备的经过卫生行政部门许可的，包括医疗机构执业许可证等在内的手续，进而开展医事活动等形式。

具体来说，签订合同条款时，合同相对方需避免订立包括：（1）转让医疗设施、仪器设备的所有权、使用权或所有权、使用权的价值；（2）转让医疗机构的经营权、收益权、行政权；（3）转让营业执照及其变更的价值、医疗机构执业许可证及其变更的价值；（4）在合作中提供场地、设备、资质等条款。私立医疗机构本身需避免订立的条款包括：（1）缴纳托管费用；（2）通过分配医疗执业行为取得的收入，为合同相对方提供相应对价；（3）根据合同相对方提供的场地、设备、资质等，定期缴纳固定的合作费用等。

在司法实践中，对于此类合同，司法审判机构均认定合同实质目的为变相转让、出借标的物，包含医疗机构执业许可证等在内的批准手续，或转移具备卫生行政部门许可的医疗机构固定资产等，进而达到非经许可的机构取得医疗机构执业资质目的，通过此类行为规避行政部门许可，开展医事活动，获取非法收益。此类合同违反行政法规禁止性规定，为无效合同。

第三节　重大医疗设备采购合同

一、设备采购的区域规划限制条件

2020年7月31日，国家卫生健康委发布《关于调整2018—2020年大型医用设备配置规划的通知》，规划显示，"2018—2020年甲乙类大型医用设备规划12768台，其中：甲类大型医用设备配置规划281台，乙类大型医用设备配置规划12487台"，净增2671台。

换言之，医疗机构对于大型医用设备的采购数量需要满足国家及地方对于该类设备的配置规划。其中，甲类大型医用设备的采购需报国家卫生健康委员会的审核。甲类大型医用设备包括：（1）重离子放射治疗系统，（2）质子放射治疗系统，（3）正电子发射型磁共振成像系统（英文简称PET/MR），（4）高端放射治疗设备，包括X线立体定向放射治疗系统（英文简称Cyberknife）、螺旋断层放射治疗系统（英文简称Tomo）HD和HDA两个型号、Edge和Versa HD等型号直线加速器，（5）首次配置的单台（套）价格在3000万元人民币（或400万美元）及以上的大型医疗器械；乙类大型医用设备的采购需报省级卫生行政部门审核，乙类大型医用设备包括：（1）X线正电子发射断层扫描仪（英文简称PET/CT，含PET），（2）内窥镜手术器械控制系统，（3）64排及以上X线计算机断层扫描仪，（4）1.5T及以上磁共振成像系统，（5）直线加速器（含X刀，不包括列入甲类管理目录的放射治疗设备），（6）伽马射线立体定向放射治疗系统，（7）首次配置的单台（套）价格在1000万—3000万元人民币的大型医疗器械。

从具体品目和区域数量分布来看，甲类大型医用设备中，正电子发射型磁共振成像系统（PET/MR）新增规划数为77台，较原规划的28台，增加了175%；乙类大型医用设备中，内窥镜手术器械控制系统（手术机器人）新增规划数为225台，较原规划的154台，增加了46%；X线正电子发射断层扫描仪（PET-CT）新增规划数为551台，较原规划的377台，增加了46%。

同时，《关于调整2018—2020年大型医用设备配置规划的通知》还要求落实社会办医配置乙类大型设备实行告知承诺制、自由贸易试验区内社会办医配置乙类大型医用设备实行备案制等改革要求，支持社会办医配置大型医用设备。

国家卫生健康委调整了之前发布的大型医用设备配置规划，增加了具体品目，扩充了区域数量分布；同时放宽社会办医配置乙类大型医用设备的审核条件，大力支持社会办医疗机构配置大型医用设备。由此可见，国家卫生健康委加强了对大型医用设备的规划力度，较之前拓宽了大型医用设备的规划范围，以便广泛应对新冠肺炎疫情防控常态化的新形势。进而推测，较之前而言，医疗机构在申请卫生行政部门进行大型医用设备的采购许可时，审核条件将适度地放宽。

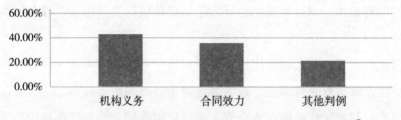

图16-2　北京市公开判例涉及大型医用设备配置许可证问题情况[1]

---

[1]　数据来源：中国裁判文书网，由作者整理。

案例分析来看，以北京市为例，截至2020年9月4日，涉及大型医用设备的已公开判决中，42.86%的判例涉及大型医用设备需配有许可证的问题。判例认为，大型医用设备，需有卫生行政部门颁发的配置许可证，且医疗机构有向患者提供所使用医疗器械的信息，按要求将医疗器械的规格、型号、生产商等标识信息登记在病历中的义务。

若医疗机构未按要求履行前述义务，或虽向患者提供了相应的标识信息，但患者无法根据医疗机构提供的信息在官方网站查询到医疗机构所称的医用设备，则无法证实医疗服务中所使用医疗器械的来源或安全性，属于医疗机构的过错。值得注意的是，在提供医疗服务的过程中，医疗机构未按要求提供标识信息，即使事后如实提供销售单位开具的证明及有关证据可证实医疗设备的合法来源，但在已根据鉴定意见认定器械使用不当造成医疗损害时，仍认定为医疗机构的过错。在不能排除此过错与损害结果之间的因果关系的情形下，根据侵权行为责任或者医疗产品责任，认定医疗机构承担赔偿责任，或重新（继续）履行双方约定的医疗服务的责任。

另有35.71%的判例涉及大型医用设备融资租赁合同的效力问题，如融资租赁合同的履行，合同法定解除后的大型医用设备所有权的归属，不符合配置许可证要求的大型医用设备的采购合同效力，以及不符合合同约定未配置许可证的大型医用设备能否继续按照合同约定进行回购等问题。

通常法院判决认为，大型医用设备是否按照有关规定接受卫生行政部门的批准许可，是否配置了许可证，不影响双方当事人签订的大型医用设备采购合同的有效性，双方可按照合同约定，继续履行支付租金、设备回购等合同义务。

通常情形下，在大型医用设备融资租赁合同因双方协商、约定合同履行期满、法定解除权条件成立，或者其他政策等原因而解除后，将大型医用设备的所有权归为医疗机构更为合理。医疗机构既能充分发挥医用设备的使用效能，也方便进行医疗设备的转让，有利于充分降低合同交易的成本，发挥余存价值，提高交易效率。

另有21.43%为其他判例，涉及的主要为刑事或行政审判程序，以及民事主体的经营范围，对医疗机构的借鉴意义不大，在此不予赘述。

由此可见，医疗机构在签订大型医用设备采购合同时，应注意国家及省级卫生行政部门对于甲乙类大型医用设备的配置规划。医疗机构应严格按照国家及地方规划采购大型医用设备。未经过卫生行政部门的批准，不影响采购合同的有效性或权利义务条款的效力，双方仍需依照合同约定内容履行义务。

但采购合同的有效成立不能说明使用未经卫生行政部门批准的大型医用设备毫无法律风险，相反，在医疗侵权损害纠纷案例中，该行为存在重大法律风险。未经卫生行政部门批准的大型医用设备，缺少需要配置的许可证件。因此，医疗机构在履行对患者提供所使用医疗器械的编码、许可证号等标识信息，并按要求将标识信息登记在病历中的义务时，便无法做到如实提供。

轻者，司法审判机构可据此认为医疗机构无法证实其在医疗服务中所使用医疗器械的来源或安全性，判定医疗机构的过错，进而在不能排除此过错与损害结果之间的因果关系的情形下，根据侵权行为责任或者医疗产品责任，认定医疗机构承担赔偿责任，或重新（继续）履行双方约定的医疗服务的责任。即使事后医疗机构能够如实提供销售单位开具的证明及有关证据证实医疗设备的合法来源，仍存在认定医疗机构过错的法律风险。

重者，若医疗机构将其他类似设备的编号或许可证号假冒为其所使用的未经许可的医用设备的许可证号记入病历，破坏病历资料的真实性，使医疗鉴定无法继续进行，导致最终无法认定过错与损害结果的因果关系，则这种举证不能的不利后果由医方承担。司法审判机构可直接依据侵权责任法第五十八条"伪造、篡改或者销毁病历资料"的有关规定，推定医疗机构的过错。同时，医务人员本人将面临警告、吊销执业证书等处罚，情形严重的，将被追究刑事责任。

第四节　医疗设备融资租赁合同

一、《民法典》的有关新规

《民法典》的融资租赁合同章节（第七百三十五条至第七百六十条）虽未做出医疗设备相关的融资租赁合同的特殊性修订，但对于普遍性的融资租赁合同做出了较为实质性的修订。相比《最高人民法院关于审理融资租赁合同纠纷案件适用法律问题的解释》，《民法典》第七百四十条、第七百五十三条、第七百五十五条、第七百五十八条分别对标的物的交付及受领、出租人解除融资租赁合同的情形、承租人承担赔偿责任以及租赁物归属及价值返还做出了实质性修订。

第七百四十条　出卖人违反向承租人交付标的物的义务，有下列情形之一的，承租人可以拒绝受领出卖人向其交付的标的物：（一）标的物严重不符合约定；（二）未按照约定交付标的物，经承租人或者出租人催告后在合理期限内仍未交付。承租人拒绝受领标的物的，应当及时通知出租人。

《合同法》对于融资租赁仅规定承租人享有受领租赁物的权利，而未对承租人在何种情况下可以拒绝受领租赁物做出明确的规定。因融资租赁法律关系的特殊性，承租人的受领义务受到融资租赁合同与买卖合同的法律规制，故在司法实践中，承租人拒绝受领的条件、方式及效力问题，仍存有争议。《民法典》吸收了《融资租赁合同司法解释》第五条的有关规定，明确了承租人拒绝受领租赁物的法定情形。

即，医疗机构作为承租人时，对于出卖人给付存在质量瑕疵的租赁物，或出卖人未按合同约定交付租赁物等情形，医疗机构有权拒绝受领该租赁物。值得注意的是，在拒绝受领租赁物后，医疗机构是否仍需继续履行融资租赁合同中的租金支付义务，在实践中仍存在争议。对医疗机构来讲，租赁物不合合同约定，无法实现合同目的，不应继续履行支付租金的合同义务；而对于出租人来说，租赁物不合约定的责任可能在出卖人，出租人自身已经履行了支付价款购买租赁物的合同义务，且医疗机构作为承租人同时享有买卖合同中买受人的权利，可以直接向出卖人提出索赔，对于出卖人及租赁物的选择风险应由医疗机构承担，不应影响支付租金义务的履行。因此，医疗机构在签订融资租赁合同时，应注意约定租赁物的交付方式，医疗机构的及时检验及退换权利，出卖人给付租赁物存在瑕疵而医疗机构拒绝受领租赁物的条件，以及医疗机构因租赁物存在瑕疵而拒绝受领该租赁物时的医疗机构与出租人双方之间的租金给付义务等情形。

第七百五十三条　承租人未经出租人同意，将租赁物转让、抵押、质押、投资入股或者以其他方式处分的，出租人可以解除融资租赁合同。

在融资租赁的租赁期间，医疗机构对租赁物实际占有与使用，但租赁物的所有权归属于出租人。部分医疗机构未经出租人同意，擅自转让、抵押、质押、投资入股，或以其他方式处分租赁物，甚至受让人根据善意取得制度取得租赁物所有权，对出租人的租赁物所有权和租金债权构成严重威胁。因此，根据本项条款的规定，医疗机构在承租租赁物期间擅自处分租赁物构成严重违约行为，出租人享有解除合同的权利。

相比《融资租赁合同司法解释》第12条的规定，"有下列情形之一，出租人请求解除融资租赁合同的，人民法院应予支持：（一）承租人未经出租人同意，将租赁物转让、转租、抵押、质押、投资入股或者以其他方式处分租赁物的"，《民法典》删去了"转租"这一处分情况下，合同解除权的规定，这体现出立法者对承租人转租行为的违约严重性持谨慎态度。

在融资租赁合同期间，出租人保有租赁物的所有权实为保证租金债权能够实现，其缔结融资租赁合同的主要目的在于获取约定的租金。当承租人擅自处分租赁物不当导致出租人的租金债权无法实现，尤其是进行转租处分时，立法者倾向认可这一处分行为的有效性。通常来讲，次承租人缴纳的租金数额较承租人的租金数额更高，有利于承租人实现租金债务的清偿行为。同时，转租行为并未直接侵犯出租人的所有权或其在租赁物上的任何担保利益。与本条款列举的其他擅自处分行为——转让、投资入股，或者抵押、质押等侵犯出租人所有权、担保利益的行为有本质的区别。认可转租行为的有效性更有利于提高市场资源的有效配置。在融资租赁期间，承租人不实际占有、使用租赁物，而是由他人占有、使用，是市场资源自行流通的结果。在出租人的利益没有受到严重侵犯的情况下，仅因擅自转租租赁物，而将融资租赁合同的有效性处于不稳定状态之中，不利于租赁物效用的充分发挥。

因此，可以认为，医疗机构在融资租赁期间，不得擅自对租赁物进行转让、抵押、质押、投资入股，或者其他方式的处分。但擅自对租赁物进行转租并不直接导致出租人解除融资租赁合同的法律后果。《民法典》实行之后，医疗机构将有权利对尚且闲置的融资租赁物进行转租，并有权利获取相应的租赁收入。

第七百五十五条　融资租赁合同因买卖合同解除、被确认无效或者被撤销而解除，出卖人、租赁物系由承租人选择的，出租人有权请求承租人赔偿相应损失；但是，因出租人原因致使买卖合同解除、被确认无效或者被撤销的除外。出租人的损失已经在买卖合同解除、被确认无效或者被撤销时获得赔偿的，承租人不再承担相应的赔偿责任。

因买卖合同解除、被确认无效或者被撤销导致融资租赁合同陷入履行障碍而解除的，属于因融资租赁合同当事人以外的原因导致合同解除。此时，医疗机构若作为承租人，虽在融资租赁合同中无违约行为，但在买卖合同的出卖人或租赁物由医疗机构选择时，医疗机构需对其选择的后果负责，即对因选择不当给出租人造成的损失承担赔偿责任。值得注意的是，如果医疗机构依赖出租人的技能来确定租赁物或者因出租人的干预而选择租赁物的，或者买卖合同因出租人的原因而解除、被确认无效或者被撤销的，医疗机构承租人不再对出租人因买卖合同解除、被确认无效或者被撤销而解除造成的损失承担赔偿责任。此时由出租人自行承担相应的后果。

即，在出租人请求医疗机构承租人赔偿由医疗机构选择出卖人、租赁物的买卖合同解除、被确认无效或者被撤销而解除造成的损失时，医疗机构可举证证明医疗机构是依赖出租人的技能来确定租赁物或者因出租人的干预而选择租赁物的，也可证明买卖合同是因出租人的原因而解除、被确认无效或者被撤销的，以此进行抗辩，进而免除自身的赔偿责任。

出租人基于融资租赁合同因买卖合同解除、被确认无效或者被撤销而解除向承租人主张损失赔偿的前提是，出租人自身对买卖合同的解除、被确认无效或者被撤销不具有可归责事由。例如，在出租人不履行或延迟履行支付价款导致买卖合同被解除的情形下，或者因出租人与出卖人共同过错导致买卖合同无效或者被撤销的情形下，出租人需要根据自身过错自行承担不利后果。再如，在医疗机构承租人系依赖出租人的技能确定租赁物的情形下，出租人干预医疗机构选择出卖人、租赁物，出租人即不能再依据本条规定对承租人享有求偿权。

医疗机构亦可主张出租人因买卖合同解除、被确认无效或被撤销而遭受的损失，已经通过买卖合同纠纷的救济从出卖人处得到补偿，则该部分受偿金额可在出租人以此条规定为依据向医疗机构求偿时予以抵扣。

另外，如果在签订合同时，医疗机构与各方当事人已经明确约定，融资租赁合同因买卖合同解除、被确认无效或者被撤销而解除时，由出租人承担损失赔偿责任，那么审判机构应当尊重当事人的真实意思表示，按照各方约定，判定由出租人承担因此造成的损失。

第七百五十八条　当事人约定租赁期限届满租赁物归承租人所有，承租人已经支付大部分租金，但是无力支付剩余租金，出租人因此解除合同收回租赁物，收回的租赁物的价值超过承租人欠付的租金以及其他费用的，承租人可以请求相应返还。当事人约定租赁期限届满租赁物归出租人所有，因租赁物毁损、灭失或者附合、混合于他物致使承租人不能返还的，出租人有权请求承租人给予合理补偿。

在医疗机构与出租人约定融资租赁合同到期后租赁物归医疗机构所有的情况下，当医疗机构无力支付剩余租金时，出租人同时要求解除合同和损害赔偿的，需要对出租人因收回租赁物的所得，与出租人此时剩余的租金等债权（即承租人欠付的租金以及其他费用）比较。即，出租人因收回租赁物的所得，不直接归出租人所有，只有出租人收回租赁物的所得等于出租人剩余租金等债权时，租赁物的价值才归出租人所有；超出剩余租金及其他费用的，是出租人获得的超额赔偿利益，应返还给医疗机构；不足部分仍应由医疗机构清偿。如果合同约定租赁期限届满后租赁物归出租人所有，那么融资租赁合同到期后租赁物的剩余价值亦需计入承租人对出租人的损失赔偿范围。

《民法典》第七百五十七条的规定："出租人和承租人可以约定租赁期限届满租赁物的归属；对租赁物的归属没有约定或者约定不明确的，依据本法第五百一十条的规定仍不能确定的，租赁物的所有权归出租人。"因此，当医疗机构与出租人对租赁物的归属没有约定或者约定不明的，可以认定租赁物所有权归出租人，适用"因租赁物毁损、灭失或者附合、混合于他物致使承租人不能返还的，出租人有权请求承租人给予合理补偿"的有关规定。

除上述实质性修订的条款外，医疗机构还应特别注意第七百三十七条、第七百四十五条、第七百五十九条的新增性规定，分别对以虚构租赁物方式订立融资租赁合同的无效性、出租人对租赁物的所有权未经登记不得对抗善意第三人，以及支付象征性价款后租赁物所有权的归属做出了新增规定。

第五节　药品和医疗器械供应合同

一、引入案例

最高人民法院发布的〔2019〕最高法刑申402号《驳回申诉通知书》显示："张锦怡作为徐州市中医院功能检查科主任，属于国家工作人员，在担任徐州市中医院功能检查科主任期间，利用职务上的便利，在经济往来中收取回扣人民币83000元归个人所有的事实有多项证据证实，原审认定张锦怡犯受贿罪并无不当。"各级各类医疗机构及医疗行业从业人员非法收取回扣的行为，损害医疗行业从业人员的廉洁行医职业精神，破坏清正的行业风气，激化医患对立情绪，需予以严厉整治。

二、政府大力整治不正之风

2020年7月17日，国家卫生健康委办公厅印发《2020年医疗行业作风建设工作专项行动方案》。该方案旨在探索建立健全医务人员执业行为监管长效机制，以营造风清气正的行业环境。该方案的重点任务包括：（1）弘扬医务人员正面形象；（2）加强执业行为监管；（3）打击收取回扣违规违法行为；（4）查处诱导消费和不合理诊疗行为；（5）查处违规营销行为。

各级各类医疗机构应当大力弘扬、树立医务人员正面形象，深化医务人员廉洁行医的思想意识；严厉打击收取回扣违法违规行为、不合理诊疗行为或违规营销行为，强化医务人员贪腐违法的畏惧心理；健全医疗从业人员执业行为监管体系，细化排查考评通报处置规制流程。各业各类医疗从业人员需要主动维护良好医疗行业形象，自觉加强诊疗行为规范性，杜绝回扣行为，积极监督、制止、公开所知的违法违规行为。

2020年8月至11月，各地卫生健康行政及联合部门严厉查处违法违规行为，建立联防联控机制，做到集中整治范围全覆盖；至2020年12月，国家卫健委开展重点环节领域的检查评估，督促整改问题机构，加大宣传正面典型，调动医务人员工作积极性、主动性。

6月5日及7月24日，国家卫健委相继发布《2020年纠正医药购销领域和医疗服务中不正之风工作要点》及《关于印发2020年医疗行业作风建设工作专项行动方案的通知》，强调严肃查处医药领域收取回扣等违法购销行为。另外，各地的巡查整治亦方兴未艾。8月21日，北京市卫健委发布《关于开展医疗行业作风建设工作专项行动的通知》表示，于9月至11月开展集中整治，重点查处收取回扣及违法购销行为。据辽宁省人民政府8月12日消息，辽宁将启动大型医院巡查工作，重点对行风建设的落实情况进行督促巡查。

后附北京市医疗行业作风建设工作专项行动月报信息模板。

附件

北京市医疗行业作风建设工作专项行动月报信息模板

_____区卫生健康委_____（2020年8月____日—____月____日）

投诉或举报热线		投诉或 举报邮箱		其他投诉或 举报途径	
区级部署会议时间		参加人数		主要内容	
区级培训次数		参加培训人数		培训内容	
院级培训次数		参加培训人数		聘请区级行风 监督员人数	
医院聘请行风 监督员人数		征集线索数量		立案数量	
立案查处情况	包括查处医疗机构的名称、类别（公立、非公立）、违法违规情形、处罚情况				
完善行风 措施情况					
加强行风建设 管理建议					

专项行动联系姓名：_____办公室电话：_____手机：_____

三、集采后医药行业风气的可喜变化

国家医保局为压低药企的高销售费用，减少医疗行业从业人员收取回扣行为，在北京、天津等4+7城市进行药品集中采购试点，并逐渐实行全国性推广。通过在药品集中采购过程中明确采购数量，药企能够针对具体的药品数量进行报价。一方面，带量采购利于减少药品购销过程中的灰色空间，通过公开招投标方式直接确定药品价格，签署购销合同，实现药品购入价格确定化、明确化、合理化；另一方面，带量采购利于减少药品购销过程中的"二次议价"空间，杜绝寻求医院补偿行为，促进购销进程规范化、合规化。

第三批全国药品集中采购（采购文件编号：GY-YD2020-1）公示的中选结果显示，此次国采，共有189家企业参加，产生中选企业125家，中选产品191个；中选产品平均降价53%，最高降幅98%，其中35个品规降幅在90%以上。

可以预期，随着一致性评价通过的品种越来越多，医疗机构与药企的直接联系越来越密切，药品报价将逐渐公开透明，带量采购的价格也会逐步循环式向下。带量采购缩小了中间代理商差价空间，同时通过清晰明确的投标报价，将医疗机构的药品、耗材等采购行为置于竞标者的监督之下与招标投标法的规制之内。因此，医疗机构寻求补偿行为及医务人员收取回扣等暗箱操作的违规违法行为亦将大幅度减少甚至消弭。

第十七章 民营医疗机构医疗损害责任处理

医疗损害责任，是指医疗机构及医务人员在医疗过程中因过失，或者在法律规定的情况下无论有无过失，造成患者人身损害或者其他损害，应当承担的以损害赔偿为主要方式的侵权责任。

近年来，随着公众维权意识的不断增强，基于医患关系而产生的医疗损害赔偿纠纷案件一直是社会各界关注的热点问题之一。同时，由于医疗损害赔偿纠纷案件是由高技术高风险特点的医疗行为引起，以及目前有关医疗损害赔偿法律的不完善，导致该类案件一直是人身损害赔偿案件中的难点。因此，有必要对目前医疗损害赔偿纠纷案件的立法、司法状况进行深入的思考，找出医疗损害赔偿纠纷案件中存在的主要问题，并就这些问题探索解决的方法和途径。

第一节 医疗损害责任的三种类型

一、医疗技术损害责任

医疗技术损害责任，是指医疗机构及医务人员从事病情的检验、诊断、治疗方法的选择，治疗措施的执行，病情发展过程的追踪，以及术后照护等医疗行为，不符合当时既存的医疗专业知识或技术水准的过失行为，医疗机构所应当承担的侵权赔偿责任。

医疗技术损害责任适用过错责任原则。证明医疗机构及医务人员的医疗损害责任的构成要件，须由原告即受害患者一方承担举证责任，即使是医疗过失要件也由受害患者一方负担。

二、医疗伦理损害责任

医疗伦理损害责任，是指医疗机构及医务人员从事各种医疗行为时，未对病患充分告知或者说明其病情，未提供病患及时有用的医疗建议，未保守与病情有关的各种秘密，或未取得病患同意即采取某种医疗措施或停止继续治疗等，而违反医疗职业良知或职业伦理上应遵守的规则的过失行为，医疗机构所应当承担的侵权赔偿责任。

在诉讼中，对于责任构成的医疗违法行为、损害事实以及因果关系的证明，由受害患者一方负责证明。在此基础上实行过错推定，将医疗过失的举证责任全部归之于医疗机构，医疗机构一方认为自己不存在医疗过失，须自己举证，证明自己的主张成立，否则应当承担赔偿责任。

三、医疗产品损害责任

医疗产品损害责任，是指医疗机构在医疗过程中使用有缺陷的药品、消毒药剂、医疗器械以及血液及制品等医疗产品，因此造成患者人身损害，医疗机构或者医疗产品生产者、销售者应该承担的医疗损害赔偿责任。

第二节　有关医疗损害责任处理的现有规定

一、有关医疗损害的法律法规、规章及司法解释

（一）《民法典》

2020年5月28日第十三届全国人民代表大会第三次会议通过中华人民共和

国民法典，民法典自2021年1月1日起施行。《民法典》关于医疗损害责任的规定在第七编"侵权责任"第六章中第一千二百一十八条至一千二百二十八条。

《中华人民共和国民法典》

第七编　侵权责任

第六章　医疗损害责任

第一千二百一十八条　患者在诊疗活动中受到损害，医疗机构或者其医务人员有过错的，由医疗机构承担赔偿责任。

第一千二百一十九条　医务人员在诊疗活动中应当向患者说明病情和医疗措施。需要实施手术、特殊检查、特殊治疗的，医务人员应当及时向患者具体说明医疗风险、替代医疗方案等情况，并取得其明确同意；不能或者不宜向患者说明的，应当向患者的近亲属说明，并取得其明确同意。

医务人员未尽到前款义务，造成患者损害的，医疗机构应当承担赔偿责任。

第一千二百二十条　因抢救生命垂危的患者等紧急情况，不能取得患者或者其近亲属意见的，经医疗机构负责人或者授权的负责人批准，可以立即实施相应的医疗措施。

第一千二百二十一条　医务人员在诊疗活动中未尽到与当时的医疗水平相应的诊疗义务，造成患者损害的，医疗机构应当承担赔偿责任。

第一千二百二十二条　患者在诊疗活动中受到损害，有下列情形之一的，推定医疗机构有过错：

（一）违反法律、行政法规、规章以及其他有关诊疗规范的规定；

（二）隐匿或者拒绝提供与纠纷有关的病历资料；

（三）遗失、伪造、篡改或者违法销毁病历资料。

第一千二百二十三条　因药品、消毒产品、医疗器械的缺陷，或者输入不合格的血液造成患者损害的，患者可以向药品上市许可持有人、生产者、血液提供机构请求赔偿，也可以向医疗机构请求赔偿。患者向医疗机构请求赔偿的，医疗机构赔偿后，有权向负有责任的药品上市许可持有人、生产者、血液提供机构追偿。

第一千二百二十四条　患者在诊疗活动中受到损害，有下列情形之一的，医疗机构不承担赔偿责任：

（一）患者或者其近亲属不配合医疗机构进行符合诊疗规范的诊疗；

（二）医务人员在抢救生命垂危的患者等紧急情况下已经尽到合理诊疗义务；

（三）限于当时的医疗水平难以诊疗。

前款第一项情形中，医疗机构或者其医务人员也有过错的，应当承担相应的赔偿责任。

第一千二百二十五条　医疗机构及其医务人员应当按照规定填写并妥善保管住院志、医嘱单、检验报告、手术及麻醉记录、病理资料、护理记录等病历资料。

患者要求查阅、复制前款规定的病历资料的，医疗机构应当及时提供。

第一千二百二十六条　医疗机构及其医务人员应当对患者的隐私和个人信息保密。泄露患者的隐私和个人信息，或者未经患者同意公开其病历资料的，应当承担侵权责任。

第一千二百二十七条　医疗机构及其医务人员不得违反诊疗规范实施不必要的检查。

第一千二百二十八条　医疗机构及其医务人员的合法权益受法律保护。

干扰医疗秩序，妨碍医务人员工作、生活，侵害医务人员合法权益的，应当依法承担法律责任。

（二）《侵权法》

《侵权法》于2010年7月1日施行，2021年1月1日作废。《侵权法》第七章医疗损害责任第五十四条至第六十四条。

（三）《最高人民法院关于审理医疗损害责任纠纷案件适用法律若干问题的解释（自2017年12月14日起施行）》

（四）其他与医疗纠纷相关的法律法规

执业管理方面、医疗机构管理方面、诊疗实践管理、常用医疗技术管理办法、管理规范、诊疗指南、药品管理、医疗器械管理、输血管理、院感管理、疫情管理、急诊急救管理、医疗文书管理、生命统计管理、妇幼与计划生育管理、精神卫生管理、医疗广告管理、医疗纠纷涉及违法犯罪、审理医疗损害案件赔偿相关法律法规。

二、医疗纠纷调解实践中存在的问题

（一）目前医疗纠纷处理的现状

当前，我国医疗纠纷呈现快速增长趋势。据统计，近几年来，医疗纠纷的数量以每年10%以上的速度递增。医疗纠纷高发态势是多种因素综合作用的结果，与民众健康需求增加、权利意识增强、医学知识匮乏、有创治疗广为应用等密切相关。不科学的医疗资源分配制度、医疗保障制度覆盖不全面、医疗纠纷解决机制不畅、医疗服务监管制度不力、医疗风险分担与医疗损害救济制度不完善等是导致医疗纠纷以及患方暴力现象的制度因素。医疗纠纷中的患方暴力现象还与社会转型期各种社会矛盾频发，国民素质尚需提高，尊重知识、尊重专业人才、尊重医务人员的社会氛围尚不十分浓厚等社会环境相关。

目前，解决医疗纠纷的途径主要有协商、和解，调解，民事诉讼。

第一，协商、和解。医患双方就赔偿问题进行协商，达成一致意见，双方签订协议书，当医方过错明显、赔偿金额不高时，适合双方协商、和解解决。

第二，调解。第三方支持，例如卫生行政机构、各地医调委等其他第三方调解组织调解，并出具调解协议书。

第三，民事诉讼。民事诉讼一般需要通过医疗过错司法鉴定或医疗事故鉴定来认定过错及伤残等级，通常耗时长、花费大，适合解决案情复杂、争议大、赔偿标的大的医疗纠纷。

在司法实践过程中，民事诉讼医疗损害责任案件审理过程存在一些争议。

第一，关于瑕疵病历的认定和评估。目前在审理医疗案件的过程中，对于瑕疵病历，在法庭质证阶段难以得到有效的解决。

第二，对于医学会和司法鉴定两种机构鉴定医疗机构是否存在医疗过错，选择哪种方式更科学公正，尚存在争论。

第三，对于医疗过失的责任程度的评价，鉴定机构缺乏相对客观的标准，鉴定意见有很大的主观随意性。

第四，对不科学不公正的鉴定意见，缺乏有效的救济，重新鉴定启动相当困难，且再次鉴定受首次鉴定意见影响。

第五，赔偿标准不统一，赔偿标准存在地域性差异、城乡差异，同命不同价。

（二）2019年全国医疗损害案件数据分析

2019年，全国医疗损害责任纠纷案件总计18112件。在2018年医疗损害责任纠纷案件数量略微下降后，2019年又呈现出反弹的趋势。（此前，2017年案件数量为12734件，2018年案件数量为12249件。）

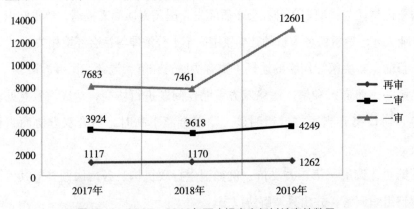

图17-1 2017—2019年医疗损害责任纠纷案件数量

按法院层级划分，2019年基层人民法院审理医疗损害责任纠纷案件13654件，中级人民法院审理4470件，高级人民法院审理1051件，最高人民法院审理3件。法院层级与审判程序有一定的关联，因此医疗损害责任纠纷案件在法院层级上的数据分布情况与审判程序相差不大。

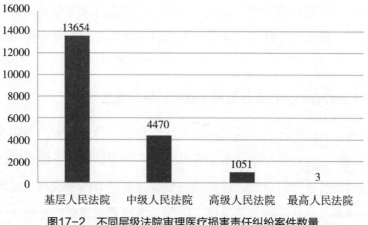

图17-2　不同层级法院审理医疗损害责任纠纷案件数量

判决书和调解书仍然是医疗损害责任纠纷案件中的两大文书类型，分别有8968份、5898份。值得关注的是，2017年调解结案量仅有9件，2018年调解结案量为83件，2019年法院经调解结案的数量陡然增至2924件，出现大幅度地提升，明确地显示出调解在医疗纠纷的处理中处于越发重要的地位。因此，提高医疗纠纷领域实务人员的调解技能对于医疗纠纷的预防和处理具有重要的意义。

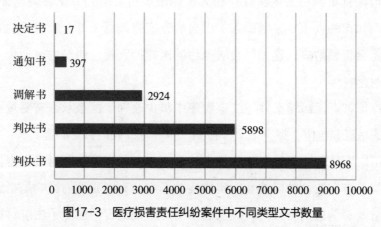

图17-3　医疗损害责任纠纷案件中不同类型文书数量

医疗损害责任纠纷案件与其他人身损害赔偿纠纷案件适用相同的计算标

准。2019年9月，最高人民法院下发通知，授权并要求各高级人民法院在辖区内开展人身损害赔偿纠纷案件统一城乡居民赔偿标准试点工作，今后赔偿标准"城乡同一"问题将会得到解决，也就是说在人身损害赔偿方面，要实现"同命同价"。因此，医疗损害责任纠纷案件的涉案标的额今后会出现明显的增长。

（三）医疗损害责任案件处理实践中的争议焦点

医疗损害责任案件的争议焦点集中体现在医方诊疗行为的过错及过错参与度、赔偿项目及计算标准、鉴定意见（含医疗事故鉴定）应否采信三个方面。从案例的具体内容分析，过错及过错参与度部分的争议焦点也涉及鉴定意见中过错参与度认定部分的争议，因此，鉴定意见在医疗损害责任纠纷案件中占据着非常重要的地位。

在鉴定意见之外，争议焦点涉及专家意见的效力问题。在2020年5月1日新修改的《最高人民法院关于民事诉讼证据的若干规定》实施后，这类专家意见效力问题的比例会有所提高，该规定第四十一条要求，对于一方当事人就专门性问题自行委托有关机构或者人员出具的意见，另一方当事人有证据或者理由足以反驳并申请鉴定的，人民法院应予准许。由此可以看出，新规实施之前困扰审判法官的医疗纠纷人民调解委员会出具专家咨询论证意见、具有专门知识的人（专家辅助人）出具的专家咨询意见等专家意见的效力认定问题将会得到解决，这无疑会对今后的医疗损害责任纠纷的审理焦点问题带来新的影响。

医疗损害责任纠纷案件在二审程序中很少改判。医患双方需要重视一审程序中的举证和抗辩，摒弃把案件拖到二审寻求改判的诉讼心理。

病历问题是医疗损害责任纠纷中的焦点之一。病历问题对医方责任的影响有两类：有实质性的影响和无实质性的影响。有实质性的影响是指医方的隐匿、篡改、伪造病历行为，以及病历书写不规范行为影响了法院对医疗机构医疗损害责任比例认定的情形；非实质性影响是指医方病历存在瑕疵，但与患者损害后果之间无因果关系、病历瑕疵不足以使法院推定医方过错，或者经医方的合理解释，法院经审理后对患方提出的异议不予采信的情形。

　　2019年法院对医方隐匿、篡改、伪造病历材料的认定率为16%，较2018年的13%有所上升，但整体的认定率仍然不高。但是，病历书写不规范致使医方责任比例受影响的案件占比高达45%，比2018年增长了16%。与此相对应，法院认定为病历书写存在瑕疵，不影响医疗机构责任认定的比例为12%，下降了9%。病历书写不规范对医方责任比例的影响主要体现在以下两个方面：第一，医方病历材料前后记录矛盾较明显或病历书写不及时致病历记录缺失的情况下，患方对病历材料提出异议导致鉴定无法进行，法院可能会因此认定无法鉴定的原因在于医方，从而判决医方承担相应的不利后果；其二，虽经鉴定医方不存在过错，但法院考虑到医方存在病历书写不规范等问题，认定医方在诊疗过程中存在疏忽及不负责任，最终判决由医方酌情承担一定的赔偿责任，多数情况下为轻微或次要责任。

三、分析及建议

（一）处理医疗纠纷的建议

　　医疗纠纷问题解决得好坏，关系到广大人民群众的根本利益，关系到医疗服务行业的健康发展。医患冲突不仅使医生受伤，也让患者承担医患信任破裂的后果——越来越多的医生为了规避风险会选择风险最低而非效果最佳的治疗方案，越来越多的医生或准医生会因为惧怕可能的风险选择逃离医疗行业。医疗机构可从以下两个方面应对医疗纠纷风险。

　　1.医疗机构预防、减少医疗损害

　　第一，医疗机构应严格遵守医疗卫生管理法律、法规、规章和诊疗护理规范、常规，恪守医疗服务职业道德，改善服务态度，建立良好的医患关系，预防医疗纠纷的发生。

医院管理者和医务人员应熟悉掌握常用的卫生管理法律、法规并遵守各项规章制度和诊疗护理规范、常规。规章制度和诊疗护理操作规范、常规是医学实践长期经验的科学总结，是医疗服务质量的重要保证，是评判医疗护理工作是否存在过失的准则。因此，医院应该把建立健全医院规章制度、各级人员岗位责任制度和加强对医务人员诊疗技术操作规范的培训，作为院、科两级管理工作的重点，做到有章可循，违章必纠，使医院工作走上制度化，规范化，标准化的轨道，减少医疗纠纷的发生。

第二，要加强医疗服务职业道德教育，增强服务意识。

医务人员具有高尚的职业道德，是全心全意为患者服务的首要前提，也是衡量一个医务工作者的起码标准。医院应该教育医务人员树立爱岗敬业的精神和"以人为本"的服务理念，深入开展"以病人为中心"的优质服务活动，文明行医，养成良好的服务态度，与病人建立亲人般的医患关系，摆脱"医家至上，病家求治"的传统观念，在诊疗活动中尊重患者的意愿，向患者履行告知义务，使患者及时了解有关诊断、治疗、预后等方面的信息，以行使患者本人对疾病诊治的相应权利，减少由于病人对医疗行为不理解而引发的纠纷。

第三，医疗机构应加强质量管理，堵塞漏洞，是预防医疗纠纷的有效措施。

医疗质量事关患者的身体健康和生命安全。医疗纠纷的发生与医疗质量的高低成正相关关系。要提高医疗质量、对医疗安全有保障、减少医疗纠纷的发生，就要切实保障医疗质量，对影响医疗质量的各个环节进行有效的监控。医院应该健全医疗服务质量管理体系，坚持"预防为主"的原则，制定切实可行的防范和处理医疗纠纷的预案，狠抓基础质量、环节质量和终末质量的三级管理，堵塞漏洞，做到防患于未然，狠抓"三基、三严"的培训，才能确保医疗纠纷不发生或少发生。

第四，提高病历及各种医疗文书的书写质量并加强管理。

病历是疾病的诊治经过及疗效的原始记录，是进行医学研究的原始资料，也是判断医务人员的医疗行为是否得当的法定证据。它不仅涉及医学技术问题，还涉及日后可能发生的医疗纠纷赔偿问题。发生纠纷后，病历将成为认定医疗机构及其医务人员的民事法律责任的重要依据之一。

鉴于病历在医疗及法律诸方面的重要作用，医院应成立病历质量管理委员会，提高医务人员应对病历在医疗纠纷处理中的法律地位的认识，加强对医护人员书写病历基本功的训练，提高病历书写质量，确保病历的客观、真实、完整。同时，要对病历质量实行层层负责，严格执行三级查房制，主治医师把关修改，科主任、医务处、病历管理委员会定期检查，杜绝有缺陷的病历归档。

在病历完成后，特别是患方复印病例后，应保持原有形态，不宜再进行添加内容等修改，否则，会引起患方对病历客观性、关联性、合法性的合理怀疑，认为医方篡改、伪造病历，不同意将病历作为鉴定材料使用，而医方的解释难以获得患方的认可。病历应严格按照规定的格式和要求制作和保管，确保医疗纠纷发生时能够查询到详细的诊疗过程。

这些措施无疑对防范医疗纠纷的发生起到初步把关的作用，也对日后可能发生的医疗纠纷提供抗辩证据。应当引起高度注意的是，切忌自作聪明，为掩盖有过失或有缺陷的医疗行为而违背客观事实涂抹、篡改病历资料，否则，很可能会要承担更加严重的法律责任。法院仅凭这一点（提供虚假证据——举证不能）就可判定医方败诉。

第五，重视医疗以外的其他安全问题，减少非医疗因素引发的医疗纠纷。

医疗以外的安全问题在近几年医疗纠纷的投诉案中占有一定的比例。例如：请假或自行外出的患者在院外出现意外，患者在医院内摔伤、烫伤、自杀，精神病人在院内伤人、或外逃伤人等，依据国家法律，医院虽对患者没有监护责任，但应负有监管责任，一旦出现问题，很难证明医院完全没有过错。所以，重视和防止医疗以外的其他因素引发的意外情况的发生，给医院管理者提出了新的要求。

医院各部门应协调一致，通力合作，制定和健全各项医疗以外的安全防范措施，严格对在院病人的管理，坚持各种"告知、协议"制度，做好入院须知教育，并应取得患者及家属的支持，坚持"一切以病人为中心"的原则，树立全心全意为病人服务的思想，不仅要满足病人必需的医疗服务，还要最大限度地满足病人的其他合理要求。

2.医疗机构妥善解决医疗纠纷

第一，建立有效的医疗风险防范化解机制。建议在医疗纠纷发生后，首先由政府卫生行政部门牵头，做好矛盾解决的指导工作，通过行政手段促使医疗纠纷的化解。其次，医疗单位积极联系患方家属，邀请患方所在单位或基层组织在场参加协调，增加化解矛盾的可能性。同时，在卫生行政部门的协调下，司法机关与医疗机构应加强沟通互动机制，通过开展日常咨询、定期召开研讨会议、安排定点人员包片等方式，从法律上给予指引和支持，降低医疗纠纷发生的概率。例如组织召开法院与卫生系统预防和调处医患纠纷座谈会，通过学习预防和调处医患纠纷文件、介绍近年来医疗损害纠纷案件的基本情况和特点，对医务人员普遍关注的举证责任、医疗损害鉴定、如何有效诉前化解纠纷等难点事项给予现场解答和说明，这样可有效地降低一些可能发生的纠纷，同时使诉前解决纠纷的数量有较大提升，医患对立可有效缓解，法院与医疗系统也就形成了良性互动，医疗纠纷就可得到有效控制。

第二，在医疗纠纷处理上注重技巧和方法。譬如，设立专门机构和人员接待投诉者，认真对待每一位投诉人，善于用心去沟通、调解，尽量把医疗纠纷消灭在萌芽状态。建立处理医疗纠纷班子和设施，将患方引入正规处理程序上。面对医闹要调动各方力量参与，一旦发生医闹，迅速反应处理，防止处于被动局面。

第三，加强医患纠纷和解方式的规范和监督。对医患纠纷协商和解案件的赔偿金额进行限制，防范"医闹"索要天价赔偿，也防止医院通过"私了"掩盖医疗事故。规范医疗纠纷报告制度，使卫生行政部门能及时介入医疗纠纷案件的指导、协调处置工作，引导医患双方依法妥善解决医疗纠纷。禁止协商和解中的非法行为，如在医院设灵堂、摆花圈、封堵大门等。若出现非法行为，医疗机构应终止协商，必要时可请求公安部门协助维护正常医疗秩序，制止医闹行为。

第四，完善医疗纠纷诉讼解决机制。鉴于医疗行业的专业性，在司法队伍建设中宜加快培养和吸收具备医疗和法律知识的复合型人才，从而满足医疗案件的需求。同时，法院也可吸收有医疗方面知识的专业人才或是让其他未参与案件的医学专家做陪审员，对首次鉴定结论做出专业判断，结论本就正确的，避免不必要的再次鉴定，从而提高诉讼效率，并缩短诉讼时间。

第五，加强医患纠纷和解、调解和诉讼机制的衔接。鉴于我国各地第三方介入调解解决医疗纠纷试点取得的经验，可将医疗纠纷从以诉讼为重心向和解、调解等非诉机制引导。在赋予当事人程序选择权基础上，加强和解机制、调解机制与诉讼机制的衔接。

医患经第三方如医调委调解并达成调解协议后，如果未经人民法院司法确认，当事人仍可通过诉讼方式请求撤销或确认无效。调解协议达成后应经过司法确认程序，这样可以使双方的法律关系更加稳定，纠纷解决更加彻底，避免因一方反悔而过多消耗社会资源。

第六，医疗损害发生后，理性面对解决纠纷。

纠纷发生后，面对患方时态度尽量温和、理性，注意自身的职业素养。在医疗损害案件审理过程中，遵守法庭引导，不利用规则，拖延诉讼进程。判决生效后，如果医疗机构具有赔付义务，应当尽快履行生效判决，并简便赔付手续。执行完毕后，应当重新从医疗安全管理的角度审视整个案件，从医疗制度完善、流程改进的角度，分析案件中存在的直接或间接的医疗安全隐患，形成建设性的改进建议并立即付诸实施。

（二）针对医疗损害案件审理过程的司法建议

第一，确定统一的鉴定机构，对鉴定机构进行监管监督制约。对于有瑕疵的鉴定意见，采取有效的补救方式，例如质证、重新鉴定等。

第二，在强化鉴定人出庭作证程序和明确适用专家辅助人制度两个方面做出规定，既弥补当事人尤其是患者一方对鉴定意见专业性方面举证能力的不足，又充分发挥庭审作用，为人民法院依法准确认定案件事实提供程序保障。

第三，医疗损害责任案件一定要在程序上简化、透明、公平、公正，让患方敢于通过司法救济程序主张权利，是对医院来讲最大的保障。如果医患矛盾不能通过合法渠道解决，患者唯有通过医闹、暴力来获取利益，那将不利于医疗机构的良性发展及医务人员的人身安全和心理健康，不利于医学发展及社会和谐。

第十八章　民营医疗机构与新冠肺炎疫情相关合规管理

第一节　院内消毒相关合规问题

院内消毒相关违规是民营医院另一类常见的行政处罚事由，医疗机构的特殊性决定了院内消毒的重要性，为了公众健康，避免传染性疾病的传播，也为了给医疗机构医务人员及其他工作人员提供安全、卫生的工作环境，医院需要严格遵守院内消毒相关的法律法规。

由数据统计可知，2019—2020年北京和上海常见的院内消毒相关的处罚事由包括四类。

（1）使用无合格证明文件、过期等不合格的药品、医疗器械、消毒药剂、血液等

《医疗纠纷预防和处理条例》第十二条规定，"医疗机构应当依照有关法律、法规的规定，严格执行药品、医疗器械、消毒药剂、血液等的进货查验、保管等制度。禁止使用无合格证明文件、过期等不合格的药品、医疗器械、消毒药剂、血液等"。第四十七条规定，医疗机构及其医务人员存在未履行本条例规定义务的情形，"由县级以上人民政府卫生主管部门责令改正，给予警告，并处1万元以上5万元以下罚款；情节严重的，对直接负责的主管人员和其他直接责任人员给予或者责令给予降低岗位等级或者撤职的处分，对有关医务人员可以责令暂停1个月以上6个月以下执业活动；构成犯罪的，依法追

究刑事责任"。

（2）医疗卫生机构贮存设施不符合卫生要求及医疗卫生机构未对使用后的医疗废物运送工具在指定地点及时进行消毒和清洁

《医疗废物管理条例》第二条第一款对医疗废物进行了定义，医疗废物是指"医疗卫生机构在医疗、预防、保健以及其他相关活动中产生的具有直接或者间接感染性、毒性以及其他危害性的废物"。医疗废物具有感染性、毒性及其他危害性，因此，医疗机构应根据条例的规定，对医疗废物运送工具进行严格消毒和清洁，防止疾病传播，保护环境和人体健康。条例第十八条第二款规定，"运送工具使用后应当在医疗卫生机构内指定的地点及时消毒和清洁"。第二十六条第二款规定，"运送医疗废物的专用车辆使用后，应当在医疗废物集中处置场所内及时进行消毒和清洁"。第四十五条第五项规定，医疗卫生机构、医疗废物集中处置单位，对使用后的医疗废物运送工具或者运送车辆未在指定地点及时进行消毒和清洁的，"由县级以上地方人民政府卫生行政主管部门或者环境保护行政主管部门按照各自的职责责令限期改正，给予警告；逾期不改正的，处2000元以上5000元以下的罚款"。

（3）没有执行国家有关消毒规范

医疗机构相关消毒规范主要见于《消毒管理办法》第四条至第九条规定。该法第四十一条规定，"医疗卫生机构违反本办法第四条、第五条、第六条、第七条、第八条、第九条规定的，由县级以上地方卫生计生行政部门责令限期改正，可以处5000元以下罚款；造成感染性疾病暴发的，可以处5000元以上20000元以下罚款"。

第一，未建立消毒管理组织，制定消毒管理制度，执行国家有关规范、标准和规定，定期开展消毒与灭菌效果检测工作。《消毒管理办法》第四条规定，"医疗卫生机构应当建立消毒管理组织，制定消毒管理制度，执行国家有关规范、标准和规定，定期开展消毒与灭菌效果检测工作"。

第二，工作人员未接受消毒技术培训、掌握消毒知识，并按规定严格执行消毒隔离制度。《消毒管理办法》第五条规定，"医疗卫生机构工作人员应当接受消毒技术培训、掌握消毒知识，并按规定严格执行消毒隔离制度"。

第三，使用的一次性使用医疗用品用后未及时进行无害化处理。《消毒管理办法》第六条规定，"医疗卫生机构使用的进入人体组织或无菌器官的医疗用品必须达到灭菌要求。各种注射、穿刺、采血器具应当一人一用一灭菌。凡接触皮肤、黏膜的器械和用品必须达到消毒要求。医疗卫生机构使用的一次性使用医疗用品用后应当及时进行无害化处理"。

第四，购进消毒产品未建立并执行进货检查验收制度。《消毒管理办法》第七条规定，"医疗卫生机构购进消毒产品必须建立并执行进货检查验收制度"。

第五，环境、物品不符合国家有关规范、标准和规定。《消毒管理办法》第八条规定，"医疗卫生机构的环境、物品应当符合国家有关规范、标准和规定。排放废弃的污水、污物应当按照国家有关规定进行无害化处理。运送传染病病人及其污染物品的车辆、工具必须随时进行消毒处理"。

（4）提供给顾客使用的用品用具，未按照有关卫生标准和要求消毒

《公共场所卫生管理条例》第二条第七项规定，"本条例适用于下列公共场所：候诊室"，因此，医疗机构候诊室也适用该条例及其实施细则。《公共场所卫生管理条例实施细则》第十四条规定，"公共场所经营者提供给顾客使用的用品用具应当保证卫生安全，可以反复使用的用品用具应当一客一换，按照有关卫生标准和要求清洗、消毒、保洁。禁止重复使用一次性用品用具"。第三十六条第二项规定，公共场所经营者未按照规定对顾客用品用具进行清洗、消毒、保洁，或者重复使用一次性用品用具的，"由县级以上地方人民政府卫生计生行政部门责令限期改正，给予警告，并可处以二千元以下罚款；逾期不改正，造成公共场所卫生质量不符合卫生标准和要求的，处以二千元以上二万元以下罚款；情节严重的，可以依法责令停业整顿，直至吊销卫生许可证"。

第二节　医疗机构传染病防治相关合规问题

新冠肺炎疫情好转后，各行各业相继复产复工，医疗机构的传染病防治责任引起公众密切关注。新冠肺炎患者在医疗机构接触的医疗试剂、生活用品、医务人员，均具有二次传染等引发疫情蔓延的潜在风险。由此，新冠肺炎疫情防控期间，卫生行政部门大力加强对违反传染病防治相关法律法规的医疗机构的行政处罚力度。本节着眼于行政处罚数据分析，为各相关医疗机构明确传染病疫情防控方面的责任及合规事项。

截至2020年10月12日，互联网上公开的行政处罚记录显示：北京市和上海市就传染病防治相关行政处罚共有54条。其中北京市占据51条，48条均由北京市朝阳区卫生健康委员会做出，另外3条由北京市西城区卫生健康委员会做出，其他卫生行政部门暂无相关行政处罚记录。上海市3条传染病防治相关行政处罚记录均由上海市浦东新区卫生健康委员会做出，其他卫生行政部门亦暂无相关行政处罚记录。

记录显示，传染病疫情防治相关行政处罚从2020年3月3日开始陆续做出。新冠肺炎疫情防控常态化的大背景下，卫生行政部门大力加强对医疗机构的传染病疫情防控工作的审查及追责，为医疗机构落实内部传染病疫情防控机制提供了稳固的压舱石。

从医疗机构性质来看，仅有3.7%（2例）的行政处罚对象为公立医院（北京、上海各1例），其余均为私立医院。一方面，私立医疗机构对于传染病疫情的防控、管理工作尚有欠缺，另一方面，对私立医疗机构的疫控审查是卫生行政部门的工作重点。

另外，处罚对象的私立医疗机构，可细分为全科、口腔、中医及医美等类型。其中，全科16例，占比29.6%；口腔类18例，占比33.3%；中医类15例，占比27.8%；医美类5例，占比9.3%。专科医疗机构中，口腔类及中医类受行政处罚比例较高，相关医疗机构需着重做好传染病疫情的防控及管理工作。

从处罚方式来看，截至2020年10月13日，北京市和上海市做出的传染病防治相关行政处罚，仅包括警告、通报批评、责令限期改正三种方式，尚无对医疗机构进行罚款的相关处罚。考虑到传染病防治审查仍处于初始阶段，处罚尚轻，不排除在疫情防控更为成熟化后加重处罚的可能性。

从处罚事由来看，医疗机构受到行政处罚的事由，主要为"未按照规定承担本单位的传染病预防、控制工作，或未按照规定承担医院感染控制任务或责任区域内的传染病预防工作"，具体可细化为三项：第一，违规提供疫控服务，医疗机构未按照规定对传染病病人提供医疗（如接诊、转诊等）服务；第二，疫情报告制度缺位，医疗机构未建立传染病疫情报告制度或未指定相关人员负责传染病疫情报告管理工作，未按照规定报告传染病疫情、缓报传染病疫情；第三，医疗器械违规处置，医疗机构未按照规定对医疗器械进行消毒，或未按照规定对一次使用的医疗器具予以销毁，对应予销毁的医疗器具进行再次使用等情况。上述三类处罚事由均属于医疗机构对传染病疫情的预防、控制工作难以落实的情况。究其原因，在于医疗机构对疫情防控的重视程度仍有欠缺，尚未意识到疫情防控常态化的紧迫性与危急性。

通常，疫控医疗服务并非医疗机构的主要服务范围，因此易为医疗机构忽视。但作为一种新型行政处罚事由的类型，医疗机构对于上述列举的违法违规事由应予以高度注意，严格做好机构内部的传染病预防和控制工作，建立明确的传染病疫情的报告及管理制度，谨防新冠肺炎疫情导致的医源性感染或医院感染。

表18-1 北京市和上海市卫生行政部门做出传染病防治相关行政处罚的法律依据汇总表

文件类别	文件名称	涉及法条	主要内容
法律	中华人民共和国传染病防治法	第二十一条	医疗机构必须严格执行国务院卫生行政部门规定的管理制度、操作规范，防止传染病的医源性感染和医院感染。 医疗机构应当确定专门的部门或者人员，承担传染病疫情报告、本单位的传染病预防、控制以及责任区域内的传染病预防工作；承担医疗活动中与医院感染有关的危险因素监测、安全防护、消毒、隔离和医疗废物处置工作。 疾病预防控制机构应当指定专门人员负责对医疗机构内传染病预防工作进行指导、考核，开展流行病学调查。
法律	中华人民共和国传染病防治法	第六十九条	医疗机构违反本法规定，有下列情形之一的，由县级以上人民政府卫生行政部门责令改正，通报批评，给予警告；造成传染病传播、流行或者其他严重后果的，对负有责任的主管人员和其他直接责任人员，依法给予降级、撤职、开除的处分，并可以依法吊销有关责任人员的执业证书；构成犯罪的，依法追究刑事责任： （一）未按照规定承担本单位的传染病预防、控制工作、医院感染控制任务和责任区域内的传染病预防工作的； （二）未按照规定报告传染病疫情，或者隐瞒、谎报、缓报传染病疫情的； （三）发现传染病疫情时，未按照规定对传染病病人、疑似传染病病人提供医疗救护、现场救援、接诊、转诊的，或者拒绝接受转诊的； （四）未按照规定对本单位内被传染病病原体污染的场所、物品以及医疗废物实施消毒或者无害化处置的； （五）未按照规定对医疗器械进行消毒，或者对按照规定一次使用的医疗器具未予销毁，再次使用的； （六）在医疗救治过程中未按照规定保管医学记录资料的； （七）故意泄露传染病病人、病原携带者、疑似传染病病人、密切接触者涉及个人隐私的有关信息、资料的。
部门规章	突发公共卫生事件与传染病疫情监测信息报告管理办法	第三十八条	医疗机构有下列行为之一的，由县级以上地方卫生行政部门责令改正、通报批评、给予警告；情节严重的，会同有关部门对主要负责人、负有责任的主管人员和其他责任人员依法给予降级、撤职的行政处分；造成传染病传播、流行或者对社会公众健康造成其他严重危害后果，构成犯罪的，依据刑法追究刑事责任： （一）未建立传染病疫情报告制度的； （二）未指定相关部门和人员负责传染病疫情报告管理工作的； （三）瞒报、缓报、谎报发现的传染病病人、病原携带者、疑似病人的。